arte & cucina

Italienisch für Kunstliebhaber und Feinschmecker

von
Rosanna Brambilla und Lucia von Albertini

unter Mitarbeit von
Nadia Nuti-Schreck

Ernst Klett Sprachen
Stuttgart

1. Auflage   1 ⁷ ⁶ ⁵ | 2025 24 23

Autoren Rosanna Brambilla,
Dozentin an der Volkshochschule Böblingen-Sindelfingen
Lucia von Albertini,
Freiberufliche Lehrerin, München
Unter Mitarbeit von Nadia Nuti-Schreck,
Dozentin an der Volkshochschule Mittleres Taubertal

Redaktion Nadia Nuti-Schreck
Illustrationen Athos Boncompagni, Arezzo
Gestaltung und Herstellung Alexandra Veigel-Schall
Satz Regina Krawatzki, Stuttgart
Umschlaggestaltung Silke Wewoda
Reproduktion Meyle + Müller, Medien-Management, Pforzheim
Druck und Bindung Elanders GmbH, Waiblingen

ISBN 978-3-12-525328-5

9 783125 253285

Introduzione

Wir bitten zum … Unterricht! Das Buch ist fertig.

Sie haben das Niveau A2 erreicht und möchten nun einen „etwas anderen Kurs" besuchen, um mehr über Themen, die Sie besonders interessieren, zu erfahren und zu sprechen. In diesem Buch finden Sie spannende und interessante Inhalte, welche Ihren Appetit auf mehr Italienisch anregen werden.

Die Zutaten für jedes Kapitel:
• ein schönes Gemälde eines bekannten Malers
• eine kurze Biografie des Malers und historische Hintergrundinformationen
• ein Text über ein kulinarisches Thema
• ein Rezept aus einer Region Italiens
Alles wird gewürzt mit kommunikativen Aktivitäten, Informationen über Bilder und Nahrungsmittel, etwas Grammatik, vielen nützlichen Tipps, einer Prise Redewendungen usw.

Wie ein roter Faden ziehen sich die Themen Kunst und Küche oder besser gesagt, die Rolle der Küche in der Kunst durch dieses Buch. Ausgehend von Gemälden bekannter europäischer Maler verschiedener Epochen werden in zehn Kapiteln Nahrungsmittel vorgestellt und unter verschiedenen Aspekten behandelt, die viel Anlass zum Ideen- und Erfahrungsaustausch bieten. Vom Atelier zur Küche, von der Mal- zur Kochkunst. Auf diesem Weg lernen Sie typische Rezepte der Regionen Italiens kennen und haben die Möglichkeit, weitere Rezepte aus Ihrer eigenen Küche vorzustellen und mit den anderen Kursteilnehmern auszutauschen.
Ihr Kursleiter wird Sie auf dieser Reise begleiten und Ihnen beistehen, Sie aber sind der Hauptakteur: Mit Ihrer aktiven Teilnahme und Arbeit können Sie Themen vertiefen, einzelne Aspekte herausarbeiten und somit zur Bildung eines Dossiers für die ganze Klasse beitragen.

Wir wünschen Ihnen viel Spaß und guten Appetit!
Ihre Autorinnen
Ihre Redaktion

Spiegazione dei simboli

 ricerca scritta

 ricetta da provare

 ricetta da scrivere

 richiamo grammaticale

Indice

1 L'ultima cena – *Il pane*

L'ultima cena (1495 – 1498) – Leonardo da Vinci
Tempera e olio su gesso, 460 x 880 cm
Milano, chiesa di Santa Maria delle Grazie

1 Osservate e rispondete.

Che cosa rappresenta il dipinto? Che cosa fanno le persone raffigurate?
In che ambiente si trovano?

2   Leggete le informazioni e rispondete alle seguenti domande.

Quale tecnica usa Leonardo per dipingere "L'ultima cena"? Il dipinto ha subìto molti danni.
Sapete spiegare perché?

È il 1494 quando Ludovico il Moro chiede a Leonardo di dipingere la scena dell'ultima cena di Gesù nel Refettorio[1] di Santa Maria delle Grazie. Leonardo accetta, non dipinge però a fresco[2] ma sperimenta una tecnica nuova a secco[3] e usa il muro come una tavola.

A quest'opera Leonardo lavora con grande passione dal 1495 al 1498. Lavora da mattina a sera senza mangiare, senza bere, senza parlare. Si ferma solo per pensare come continuare. Nasce così "L'ultima cena", un capolavoro per bellezza e maestà.

Gesù e gli apostoli sono messi in primo piano. Gesù ha appena detto loro: "Uno di voi mi tradirà[4]". Queste parole provocano nei discepoli movimenti e gesti che esprimono sentimenti di tristezza, stupore[5] e rassegnazione[6]. Purtroppo, a causa della tecnica usata, nel corso dei secoli l'opera si è rovinata. Altri danni sono stati provocati dalla stupidità degli uomini. Nel '600 i monaci aprono una porta nel muro e tagliano il dipinto cancellando le gambe di Gesù. Più tardi i soldati di Napoleone trasformano il Refettorio in una stalla e mettono i loro cavalli sotto il dipinto di Gesù e degli apostoli. Nel 1943 una bomba distrugge parte dell'edificio, ma l'opera resiste. L'ultimo restauro finito nel 1999 ci ha restituito questo capolavoro[7], simbolo della grandezza dell'arte del Rinascimento.

[1] Refettorio: *grande sala dove si mangia in comune*   [2] a fresco: *pittura fatta sul muro bagnato*
[3] a secco: *pittura fatta su una superficie asciutta*   [4] tradirà: *venderà, ingannerà*   [5] stupore: *reazione di meraviglia che lascia senza parole*   [6] rassegnazione: *(qui) sottomissione al volere di Dio*
[7] capolavoro: *opera eccellente di un artista*

3   Tecniche di pittura

Leonardo dipinge a tempera e a olio ma ci sono anche altre tecniche. Quali conoscete?
Se necessario usate il vocabolario.

acquarello | carboncino | matita | olio | pastello | tempera

1. *tempera* ....   2. ....   3. ....

4. ....   5. ....   6. ....

4   Lavorate in gruppi.

Conoscete qualcuno che dipinge? Che tecnica usa? Quali sono i suoi soggetti?
Forse anche fra di voi si nasconde un artista?

:
:

1454 |
Johannes Gutenberg stampa la Bibbia.

1469 |
Il giovane Lorenzo de' Medici (detto il Magnifico) comincia a governare Firenze insieme al fratello Giuliano.

1478 |
Nasce il Tribunale dell'Inquisizione della Chiesa Cattolica.

1492 |
Cristoforo Colombo scopre l'America.

1512 |
Michelangelo termina di dipingere la volta della Cappella Sistina a Roma.

1517 |
Martin Lutero appende le sue 95 Tesi a Wittenberg.

1519 – 1522 |
Il portoghese Ferdinando Magellano riesce a circumnavigare la terra.

1531 |
Copernico mette il sole al centro del sistema planetario.

1534 |
Enrico VIII d'Inghilterra fonda la Chiesa Anglicana.

1545 – 1563 |
Il Concilio di Trento dà inizio alla Controriforma della Chiesa Cattolica.

:
:

5 Scheda biografica

Nome | Leonardo

Luogo e data di nascita | Vinci in Toscana, 15 aprile 1452

Famiglia | È figlio illegittimo del notaio Ser Pietro d'Antonio e Caterina, una popolana che sposerà un altro uomo.

Infanzia | Cresce nella casa del padre che lo educa con affetto.

Formazione | Va a imparare il mestiere dal pittore Verrocchio.

Caratteristiche particolari | Eccezionali abilità artistiche, sete di sapere, interesse per tutto ciò che lo circonda: gli animali, le piante, il corso delle acque, l'anatomia umana

Aspetto fisico | Uomo bellissimo, elegante, raffinato

Maturità | Lavora a Milano alla corte di Ludovico il Moro. Muore ad Amboise in Francia il 2 maggio 1519.

Opere famose | La dama con l'ermellino (1490), L'uomo vitruviano (1492), L'ultima cena (1497), La Gioconda (1506)

Ricordiamo di lui | Studi sul volo e sulle vie d'acqua, le macchine da guerra, il telaio meccanico e tante altre invenzioni

6 Fate una ricerca.

Quali importanti viaggiatori hanno vissuto ai tempi di Leonardo? Sceglietene uno fra quelli riportati nei cenni storici e raccogliete informazioni da inserire nel dossier di classe.

7   Leggete il testo e rispondete poi alle domande.

Quando si organizzavano i banchetti nel Rinascimento? Che cosa si metteva sulle tavole?
Quali sorprese venivano preparate per gli ospiti?

Il banchetto nel Rinascimento

Nel Rinascimento il banchetto univa i piaceri della gola[1] a quelli dell'occhio (anche allora l'occhio voleva la sua parte). Si organizzava per festeggiare un avvenimento molto importante e si invitavano amici e … nemici. La festa si svolgeva in una o più sale sfarzosamente addobbate[2]. Nella sala più grande si trovavano due tavole: una per il padrone di casa e la sua famiglia, l'altra per i numerosi ospiti. Molto importante era la decorazione dei muri e delle tavole, su queste si mettevano tovaglioli piegati in modo artistico, posate (anche di metallo prezioso), piatti di varie misure, caraffe con latte zuccherato e bacinelle[3] con acqua profumata. Ogni banchetto era composto da più "vivande"[4]. Ogni vivanda era già di per sé un pranzo di più portate. Ogni pietanza[4] era unica come un'opera d'arte. Prima, durante e dopo il banchetto, c'erano spettacoli e rappresentazioni accompagnate da musica. Agli ospiti spesso si offrivano doni[5], gioielli[6] per le signore oppure ornamenti per i signori.

Qualche volta si nascondevano gli oggetti dentro le pietanze, a volte invece si faceva una specie di lotteria. Lo scopo era quello di sorprendere e divertire gli ospiti e nello stesso tempo di mostrare la ricchezza e la posizione sociale del padrone di casa.

[1] piaceri della gola: *cose buone da mangiare*   [2] sale sfarzosamente addobbate: *sale riccamente decorate*   [3] bacinelle: *contenitori rotondi usati per lavarsi*   [4] vivanda, pietanza: *cibo servito a tavola*   [5] doni: *regali*   [6] gioielli: *oggetti preziosi*

8   Completate con le forme impersonali che trovate nel testo.

1. organizzare ....

2. invitare ....

3. mettere ....

4. offrire ....

5. nascondere ....

6. fare ....

9   Completate con i verbi alla forma impersonale.

Il matrimonio in Italia è una festa importante. Di solito .... (invitare) tutti i parenti e gli amici.

Per il pranzo .... (prenotare) una sala in un ristorante. .... (scegliere) un menù

speciale e .... (servire) vini di qualità. Alla fine del pranzo .... (tagliare) la torta,

.... (brindare) con lo spumante e .... (offrire) i confetti. Spesso ....

(ballare) e .... (cantare). Prima si facevano tante fotografie da mettere nell'album, oggi spesso

.... (usare) le fotocamere digitali e .... (girare) anche dei film.

10   Per la conversazione

Come si festeggiano i matrimoni nel vostro paese? In quali altre occasioni vengono organizzati dei banchetti?
Raccontate di una festa con molti invitati alla quale avete partecipato.

11   Leggete il testo sull'evoluzione del pane nei secoli.

Quale epoca vi sembra più interessante? Perché? Parlatene in coppia.

Il pane è uno dei cibi più antichi. L'uomo delle caverne schiacciava tra due pietre i chicchi di cereali che trovava in natura e impastava il prodotto con l'acqua.

Sono gli antichi egizi a costruire i primi forni per cuocere il pane e a scoprire che, se si lascia riposare l'impasto, dopo la cottura il pane è più soffice e voluminoso.

Più tardi i greci dimostrano grande abilità nella preparazione di pane e focacce[1]. Aggiungono all'impasto nuovi aromi e spezie per ottenere pane al latte, al miele, al vino e alle erbe. Aprono i primi forni pubblici e sono i primi a lavorare di notte, così la gente la mattina ha il pane fresco e croccante. Sono proprio gli schiavi greci che portano a Roma l'arte di fare il pane.

Durante l'Impero Romano il pane è l'alimento base per gran parte della popolazione. Il poeta latino Giovenale scriveva che per avere il consenso del popolo bastavano *panem et circenses* (pane e giochi del circo). Da sempre i cristiani nella preghiera del "Padre nostro" chiedono a Dio il "pane quotidiano". Nei primi secoli del cristianesimo il pane che si usava come simbolo del corpo di Cristo per l'Eucarestia era a forma di ciambella[2]. Con il tempo il pane da consacrare è diventato un'ostia sottile preparata dalle suore nei conventi.

In epoca feudale i contadini, obbligati a cuocere il pane nel forno del padrone, usavano i cereali meno costosi: l'orzo, l'avena, il farro e altri. È all'epoca dei liberi comuni che ritornano i fornai ma solo durante il Rinascimento la produzione del pane verrà migliorata.

Nei secoli passati il pane era spesso l'unico alimento, il consumo giornaliero era di un chilo e mezzo a persona – 10 volte più di oggi – se si considera che il consumo attuale è di circa 150 g al giorno.

[1] focaccia: *pane schiacciato*   [2] ciambella: *pane o dolce rotondo con il buco*

12   Lavorate a coppie.

Ci sono moltissime varietà di pane: pane di segale con cumino, pane ai semi di girasole, panini con semi di sesamo e di papavero, pane integrale, ecc.

E voi che tipo di pane mangiate solitamente? Con che cosa? Quanto ne consumate al giorno? Dove lo comprate?

13   Lavorate in piccoli gruppi. Osservate le foto e abbinate.

Qual è il pane tipico delle seguenti regioni? Quali di questi tipi di pane conoscete? Ne avete già assaggiato qualcuno? In che occasione?

Emilia Romagna | Liguria | Piemonte | Puglia | Sardegna | Toscana

pane carasau

pane senza sale

grissini

piadina

focaccia genovese

pane di Altamura

....

14   A tavola in ... Puglia

Il pancotto a San Giovanni Rotondo (Gargano)

*Ingredienti per 4 persone: 350 g di pane pugliese raffermo –
500 g di patate – 500 g di rucola – 1 spicchio di aglio – ½ peperoncino –
1,7 l di acqua – 5 cucchiai di olio d'oliva extravergine – sale*

Tagliare il pane a pezzi piccoli. Metterlo in una ciotola e bagnarlo con un terzo dell'acqua. Lasciarlo a bagno per almeno mezz'ora. Nel frattempo sbucciare e tagliare a pezzetti le patate. Metterle in una pentola con l'acqua rimasta e fare cuocere per circa 20 minuti. Lavare la rucola, eliminare tutti i gambi, spezzarla e unirla alle patate. Fare cuocere ancora per 15 minuti. Unire il pane bagnato alle patate e alla rucola. Fare cuocere per altri 5 o 6 minuti. Aggiungere l'aglio spremuto e il peperoncino tritato. Mescolare bene. Salare. Lasciare riposare per un paio di minuti. Condire con olio extravergine di oliva e servire.

15   Rileggete la ricetta e completate.

Rileggete la ricetta e cercate nel testo i verbi che corrispondono alle seguenti spiegazioni.

1.	fare a pezzi o a fette con un coltello
2.	levare la buccia con il coltello o con le mani
3.	togliere quello che non serve
4.	fare a pezzi con le mani
5.	mettere insieme
6.	aggiungere il sale
7.	mettere olio (o altri condimenti)

16   Lavorate a coppie.

Il pancotto è un esempio di cucina povera in Italia. E voi conoscete ricette che riutilizzano gli avanzi?

17   La vostra ricetta

Scrivete una ricetta di cucina povera per il dossier di classe.

18   Modi di dire

Lavorate a coppie. Che cosa significano questi modi di dire? In che occasione si usano?

"è buono come il pane"

Si dice ...
... di una persona che ha un buon carattere.
... di una cosa che ha lo stesso sapore del pane.
... per indicare del pane molto fresco.

"non è pane per i miei denti"

Si dice quando ...
... abbiamo mal di denti.
... il pane è molto duro.
... è una cosa che non va bene per noi.

2 L'Estate – *Il mais*

L'Estate (1573) – Giuseppe Arcimboldo
Olio su tavola, 76 x 64 cm
Parigi, Musée du Louvre

1   Osservate e rispondete.

Che cosa rappresenta il quadro?
Che cosa vi colpisce di questo dipinto?

2   Leggete le informazioni sul dipinto e rispondete alla seguente domanda.

Dove indica il pittore il suo nome e l'anno in cui ha dipinto il quadro?

Giuseppe Arcimboldo dipinge questo quadro a Vienna dove trova l'ambiente ideale per dare libero sfogo[1] alla sua fantasia. "L'Estate" è una delle quattro fantastiche composizioni che rappresentano le stagioni in modo allegorico. Nel dipinto troviamo tutti i frutti e gli ortaggi più o meno noti di quell'epoca: le ciliegie, le pesche, le pere, i piselli, l'aglio, il carciofo, la melanzana venuta dall'Oriente, la pannocchia di granoturco appena arrivata dall'America e tanti altri ancora. Frutti e ortaggi sono disposti in modo da rappresentare il volto[2] di un uomo sorridente, ritratto di profilo. La veste[3] è un insieme di spighe dorate. Sul colletto[4] leggiamo il nome dell'artista e sulla spalla la data del quadro. Intorno alla figura sullo sfondo nero Arcimboldo dipinge una cornice di fiori.

[1] dare libero sfogo: *mettere in libertà*   [2] volto: *viso, faccia*   [3] veste: *vestito, abito*   [4] colletto: *parte dell'abito intorno al collo*

3   Rileggete e completate.

Scrivete nelle righe i nomi dei frutti e delle verdure che trovate nel testo a seconda dei rispettivi colori. Completate con altri prodotti che conoscete.

....

....

....

....

....

4   Lavorate a coppie.

È il compleanno di un vostro caro amico e pensate di regalargli un bel cesto di frutta e verdura. Quali prodotti scegliete? Pensate a una possibile composizione.

5   Lavorate in piccoli gruppi.

- Quali alimenti associate ai seguenti gusti?
- Pensate adesso alle vostre abitudini alimentari. Quale gusto predomina a colazione, a pranzo e a cena?

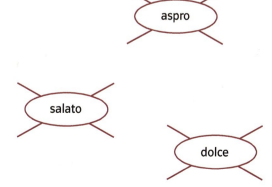

limone

aspro

piccante

salato

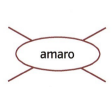

amaro

dolce

Un po' di storia

.
.
.

1531 |
Copernico mette il sole al centro del sistema planetario.

1534 |
Enrico VIII d'Inghilterra fonda la Chiesa Anglicana.

1545 – 1563 |
Il Concilio di Trento dà inizio alla Controriforma della Chiesa Cattolica.

1558 |
Elisabetta I sale al trono d'Inghilterra.

1559 |
Con la pace di Cateau Cambrésis Napoli, Milano, la Sicilia e la Sardegna passano sotto il dominio spagnolo.

1564 |
Nascono Galileo Galilei e William Shakespeare.

1571 |
Battaglia di Lepanto. I Turchi perdono il dominio sul mar Mediterraneo.

1582 |
Papa Gregorio XIII riforma il calendario.

1590 |
I fratelli olandesi Hans e Zacharia Janssen inventano il microscopio.

1598 |
L'Editto di Nantes garantisce l'uguaglianza tra cattolici e protestanti.

.
.
.

6 Scheda biografica

Nome | Giuseppe Arcimboldo (o Arcimboldi)

Luogo e data di nascita | Milano, 1527

Famiglia | Figlio del pittore Biagio appartenente alla Veneranda Fabbrica del Duomo di Milano (gruppo di artisti che lavorava al Duomo)

Formazione | Inizia la carriera artistica nella bottega del padre.

Maturità | Lavora a Vienna alla corte di Massimiliano II d'Asburgo e poi di Rodolfo II. Non è solo pittore ma anche ingegnere, architetto e scenografo in occasione di feste e cortei. Muore a Milano nel 1593.

Motivi delle opere | Ritratti allegorici eseguiti combinando tra loro oggetti, frutti, fiori e animali

Opere famose | L'Acqua (1564), Il Bibliotecario (1566), Il Fuoco (1566), La Primavera, L'Estate, L'Autunno, L'Inverno (1573)

Ricordiamo di lui | Ha collaborato alla realizzazione della "Kunst und Wunderkammer", la sala per la raccolta degli oggetti collezionati dall'imperatore Rodolfo II d'Asburgo.

7 Fate una ricerca.

Nel 1564 nascono due personaggi illustri. Sceglietene uno e scrivete una breve biografia da inserire nel dossier di classe.

8 Lavorate a coppie.

Con la scoperta dell'America arrivano in Europa molte novità. Secondo voi quali delle seguenti affermazioni sono vere? Mettete una crocetta.

1. L'ananas era già conosciuto ai tempi dei Romani. ☐
2. Al loro arrivo in Europa le patate diventano subito un alimento apprezzato. ☐
3. In Italia la salsa al pomodoro era già diffusa nel Medioevo. ☐
4. Gli olandesi portano in Europa il cacao. ☐
5. Dopo la scoperta dell'America nell'Italia del Sud il peperoncino si usa più del pepe. ☐

9 Leggete il testo e controllate le vostre risposte.

Le novità alimentari arrivate dal nuovo mondo.

La cucina moderna ha le sue origini nel '500. Dal Nuovo Mondo arrivano in Europa mais, patate, pomodori, peperoni, peperoncini, molte varietà di zucca e di fagioli e anche frutti fino allora sconosciuti come i fichi d'India, l'avocado e l'ananas. Nel '500 però le piante di mais, patate e pomodori sono ancora viste con sospetto. La patata è chiamata perfino "cibo per bestie". Solo dopo molti anni i nuovi prodotti cominciano a trovare spazio sulle nostre tavole portando cambiamenti e varietà nei piatti fino allora preparati. Con il tempo la salsa di pomodoro diventa il condimento[1] più diffuso della penisola e il peperoncino sostituisce[2] il pepe soprattutto nell'Italia del Sud.

E che dire del cacao? I semi di questa pianta, coltivata specialmente nel Messico, erano usati per preparare un'originale bevanda densa[3] e profumata. Gli spagnoli portano il cacao in Europa, ma il prezzo dei semi è molto alto e solo gli aristocratici possono permettersi[4] una tazza di cioccolata. Verso la fine del '600, quando finalmente il prezzo del cacao si abbassa, anche la borghesia può gustare questa bevanda deliziosa.

[1] condimento: *cosa che si aggiunge per dare più sapore al cibo*   [2] sostituisce: *prende il posto di*   [3] densa: *con poco liquido, condensata*   [4] possono permettersi: *hanno i soldi per comprare*

10 Per la conversazione

Sottolineate nel testo i prodotti arrivati dal Nuovo Mondo. Quali di questi prodotti hanno influito di più sulle abitudini alimentari del vostro paese? Negli ultimi anni sono arrivati in Europa anche altri prodotti. Come sono cambiate le vostre abitudini?

kumquat

guava

litchi

carambola

11 Completate con le preposizioni.

tra | di | del | nei | da | in | a | nei | alla | sulle

Oggigiorno non è raro trovare .... supermercati anche tanti frutti che provengono .... luoghi molto lontani. Hanno nomi strani e l'aspetto esotico. Alcuni come il kiwi vengono coltivati stabilmente anche .... Europa. Altri, come il litchi, non hanno avuto grande successo .... nostre tavole e anche se sono adatti .... un clima mite non sono coltivati .... paesi .... Mediterraneo. .... i frutti esotici più conosciuti ci sono la papaia, l'ananas e i fichi d'India. Meno conosciuti sono invece la guava, la carambola, il kumquat o anche il lime. I frutti esotici sono ricchi .... vitamine e per questo fanno molto bene .... salute.

12 Leggete il testo sul mais e rispondete poi alla seguente domanda.

Perché il mais in Italia viene chiamato granoturco?

Il mais è un cereale originario dell'America Latina che Cristoforo Colombo ha portato in Spagna dopo la scoperta del nuovo continente. Da qui il mais si diffonderà[1] in tutta Europa. Il nome mais deriva dalla parola "maiz" come era chiamata questa pianta a Cuba. In Italia il mais viene comunemente chiamato "granoturco" anche se non ha niente a che fare con la Turchia. Il nome deriva dal fatto che nel '500 si indicava come "turco" tutto ciò che proveniva da altri paesi.

Grazie alle condizioni climatiche favorevoli, la coltivazione del mais si diffonde rapidamente nelle regioni della Pianura Padana specialmente a Nord-Est e diventa l'alimento più diffuso tra le classi povere. Soprattutto i contadini[2] ne facevano uso frequente preparando con la farina di mais la famosa polenta. Oggi questa pietanza non è più considerata un piatto povero: per prepararla ci vuole tempo e il tempo è prezioso!

[1] si diffonderà: *troverà impiego*   [2] contadini: *persone che lavorano i campi*

13 Lavorate in piccoli gruppi.

Quali di questi alimenti sono fatti con il mais?

14 Le vostre abitudini alimentari

Leggete le informazioni sulla dieta mediterranea. Completate poi la piramide secondo le vostre abitudini alimentari.

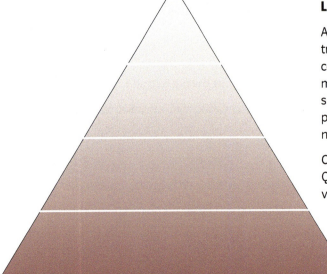

La dieta mediterranea

Alla base del modello alimentare mediterraneo si trovano pane, pasta, riso e patate. È consigliato il consumo giornaliero anche di frutta, verdura, legumi, latte e formaggio. Per il consumo settimanale si raccomandano pesce, uova e carni bianche come pollo e coniglio. I dolci e le carni rosse invece devono essere consumati in dosi moderate.

Che cosa consumate ogni giorno / ogni settimana? Quali alimenti appaiono soltanto di rado sulla vostra tavola? Che cosa non mangiate mai?

15   A tavola in . . . Val D'Aosta

Polenta Valdostana

Ingredienti per quattro o cinque persone: 500 g di farina di mais – 1,7 l di acqua – 200 g di toma[1] fresca – 150 g di fontina – 150 g di burro fuso – sale

Si mette sul fuoco l'acqua con il sale. Quando l'acqua sta per bollire si aggiunge a pioggia[2] la farina mescolando sempre con un cucchiaio di legno. La polenta è pronta quando si stacca dalle pareti della pentola. Ci vogliono almeno 40 minuti. Quando la polenta è cotta si aggiunge il formaggio tagliato a pezzetti e il burro fuso[3]. Si mescola bene per fare sciogliere il tutto e si serve caldissimo.

[1] toma: *formaggio a pasta compatta prodotto con latte di mucca*   [2] a pioggia: *lentamente*   [3] fuso: *sciolto, liquido*

16   Lavorate a coppie.

Scegliete una ricetta per una delle seguenti occasioni: una cenetta intima – una cena di lavoro fra colleghi – una festa in famiglia. Adattate gli ingredienti al numero dei vostri ospiti.

Pietanza: ....

Ingredienti: ....

....

....

....

....

....

....

....

....

17   Per la conversazione

Il mais è molto diffuso in Italia. Quali cereali sono diffusi nel vostro paese? Per quali prodotti o piatti tipici vengono usati?

18   La vostra ricetta

Scrivete la ricetta di una pietanza a base di cereali per il dossier di classe.

19   Consigli utili

Ecco alcuni consigli per acquistare e conservare frutta e verdura. Ne conoscete altri da aggiungere alla lista?

- preferire i prodotti locali perché sono più freschi e rispettano di più l'ambiente
- comprare solo la quantità necessaria
- scegliere i prodotti di stagione e maturi al punto giusto
- controllare l'etichetta dei prodotti confezionati
- conservare i prodotti da consumare subito al buio e lontano dal sole
- mettere in frigorifero la frutta che si vuole conservare più a lungo (non deve toccare le pareti)

- ....
- ....

3 Il mangiafagioli – *I fagioli*

Il mangiafagioli (1583) – Annibale Carracci
Olio su tela, 57 x 68 cm
Roma, Galleria Colonna

1 Osservate e rispondete.

Chi è secondo voi il personaggio del quadro? Dove si trova?
Che cosa c'è sul tavolo? Come mai l'uomo mangia con tanto appetito?

2 Leggete le informazioni sul dipinto e rispondete alle seguenti domande.

Perché i contadini vivevano in condizioni di povertà?
Cosa mangiavano di solito?

Questo quadro di Annibale Carracci è un esempio tipico della "pittura di genere". Il pittore dipinge momenti di vita quotidiana della gente comune.

Il volto dell'uomo che mangia i fagioli esprime in modo esemplare la fame diffusa fra la popolazione alla fine del '500. Si tratta forse di un contadino stanco e affamato. L'uomo non è vestito da lavoro, probabilmente si trovava in viaggio e ha fatto sosta in un'osteria per mangiare qualcosa. Sulla tovaglia bianca c'è una scodella[1] piena di fagioli, delle cipolle e un piatto con una frittata. Il pane non è nero e la caraffa contiene abbondante vino rosso. Il dipinto rappresenta l'uomo mentre porta avidamente[2] alla bocca una cucchiaiata di fagioli: sembra guardare con diffidenza[3] chi lo osserva e con la mano tiene stretta una pagnotta[4]. In tavola non ci sono i cibi venuti dal Nuovo Mondo, come patate o pomodori. Anche i fagioli della zuppa detti "fagioli con l'occhio" provengono dalla campagna vicina.

Durante il '500 e '600 i contadini dovevano accontentarsi di una paga minima, la maggior parte del guadagno del loro duro lavoro andava alla Chiesa, al proprietario del terreno o al governatore della città. Per questo la loro cena era molto modesta[5]: pane, zuppa, cipolle, legumi ed erbe aromatiche.

[1] scodella: *piatto fondo*   [2] avidamente: *con molta fame e appetito*   [3] con diffidenza: *in modo sospettoso*
[4] pagnotta: *piccola forma di pane*   [5] modesta: *semplice, povera*

3 Le erbe aromatiche

Conoscete le seguenti erbe aromatiche? Abbinate i nomi alle erbe raffigurate.

alloro | basilico | erba cipollina | rosmarino | salvia | timo | prezzemolo | maggiorana

1. ....   2. ....   3. ....   4. ....

5. ....   6. ....   7. ....   8. ....

4 Per la conversazione

Quali di queste erbe usate in cucina? Per quali pietanze?
Coltivate delle erbe nel vostro giardino?

:
:

1559 |
Con la pace di Cateau Cambrésis
Napoli, Milano, la Sicilia e
la Sardegna passano sotto
il dominio spagnolo.

1564 |
Nascono Galileo Galilei e William
Shakespeare.

1571 |
Battaglia di Lepanto. I Turchi
perdono il dominio sul mar
Mediterraneo.

1582 |
Papa Gregorio XIII riforma
il calendario.

1590 |
I fratelli olandesi Hans e Zacharia
Janssen inventano il microscopio.

1598 |
L'Editto di Nantes garantisce
l'uguaglianza tra cattolici e
protestanti.

1603 |
Muore Elisabetta I d'Inghilterra.

1609 |
Galileo Galilei perfeziona
il cannocchiale.

1612 |
L'Accademia della Crusca pubblica
il primo vocabolario della lingua
italiana.

1618 |
Inizia la Guerra dei Trent'anni
(paesi protestanti contro paesi
cattolici).

:
:

5   Scheda biografica

Nome | Annibale Carracci

Luogo e data di nascita | Bologna, 1560

Famiglia | Cresce in una famiglia di artisti. Sono pittori il padre, il fratello
e il cugino.

Formazione | Studia i pittori fiorentini che danno importanza alla linea e
al disegno e i pittori veneziani che danno importanza al colore.

Maturità | Apre una bottega di pittura con il fratello e il cugino. Con loro
affresca Palazzo Magnani e Palazzo Sampietri a Bologna. Muore a Roma
nel 1609. La sua tomba si trova nel Pantheon a Roma vicino a quella di
Raffaello.

Motivi delle opere | Dipinge paesaggi, scene di genere, ritratti e
autoritratti.

Opere famose | La bottega del macellaio (1585), La scelta di Ercole (1596),
Domine quo vadis? (1602), Paesaggio con la fuga in Egitto (1604)

6   Fate una ricerca.

Il calendario riformato da Papa Gregorio XIII è valido ancora oggi.
Cercate alcune informazioni sulla riforma del calendario da inserire nel
dossier di classe.

7   **Leggete il testo e rispondete poi alle seguenti domande.**

Quali sono state le prime posate ad arrivare sulla tavola? I primi coltelli avevano un doppio uso. Quale?

Storia delle posate

Il cucchiaio e il coltello sono le prime posate che arrivano sulla tavola. Non erano pensate per ogni singola persona, ma si usavano in comune. I primi cucchiai erano di legno, erano grandi e rotondi perciò difficili da mettere in bocca, solo in un secondo momento prenderanno la tipica forma ovale. A quel tempo venivano usati soprattutto dai poveri che mangiavano spesso la zuppa.

I primi coltelli erano molto appuntiti[1] e si usavano anche come forchetta per prendere dal piatto il cibo già tagliato. Più tardi nasceranno anche coltelli con un uso specifico[2] come coltelli per il burro, da pesce e da dessert. La produzione dei coltelli si diffonde in Spagna, Francia e Germania, ma fin dal Rinascimento quelli italiani vengono preferiti per la qualità e la bellezza.

Le prime forchette avevano solamente due denti e, a parte qualche eccezione, erano di legno.

Solo a partire dal '700 si diffonde l'abitudine di apparecchiare la tavola con almeno tre posate: cucchiaio, coltello e forchetta.

[1] erano appuntiti: *avevano la punta*   [2] uso specifico: *funzione particolare*

8   **Rileggete il testo e completate prima le regole e poi le frasi.**

Per indicare il materiale di cui è fatto un oggetto si usa la preposizione ....

Per indicare la funzione di un oggetto si usa la preposizione ....

1. Le posate .... argento sono belle, ma poco pratiche.

2. Il coltello .... pesce ha la punta più larga di quello per la carne.

3. Oggi per mangiare non si usano più i cucchiai .... legno.

4. Il cucchiaio .... minestra si mette a destra del piatto.

5. Oggi ci sono dei tovaglioli .... carta che sembrano .... stoffa.

6. Per un pranzo importante si mettono in tavola bicchieri .... acqua e .... vino.

9   **Non solo posate . . .**

Lavorate a coppie o in piccoli gruppi. Conoscete questi attrezzi da cucina? A cosa servono? Quali usate voi di solito? Se necessario usate il vocabolario.

1. mezzaluna 2. schiaccianoci 3. frusta 4. grattugia 5. cucchiaio di legno 6. schiumarola 7. cavatappi 8. mestolo

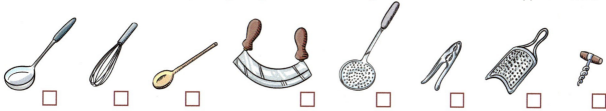

10   Leggete il testo sui fagioli e rispondete poi alla seguente domanda.

Che cosa si festeggia ogni anno a Controne?

Ci sono più di 100 varietà di fagioli, i più conosciuti sono i fagioli bianchi, quelli neri e quelli rossi. Quasi tutti vengono dal Sudamerica e sono stati portati in Europa dagli spagnoli. I fagioli "con l'occhio", chiamati così perché hanno una macchia nera, sono conosciuti invece fin dall'antichità.

I fagioli non si possono mangiare crudi, ma cotti sono l'ingrediente base per zuppe e contorni. Pasta e fagioli è un piatto frequente in tante regioni d'Italia. In Campania a Controne in provincia di Salerno, da più di 20 anni, a novembre si festeggia la "Sagra del fagiolo".

11   Lavorate a coppie.

Il fagiolo fa parte della famiglia dei legumi. Ecco i chicchi di altre piante che appartengono a questa famiglia. Numerateli secondo la grandezza dal più piccolo (1) al più grande (4).

☐ piselli   ☐ lenticchie   ☐ fave   ☐ ceci

12   Per la conversazione

- Nella cucina del vostro paese si usano i fagioli? Per quali piatti? Quali altri legumi appaiono sulle vostre tavole? Come li cucinate?
- Così come in Campania anche in molte altre regioni d'Italia ci sono feste che si basano su un prodotto alimentare, le cosiddette "sagre". Avete mai assistito ad una sagra? Ci sono feste simili anche nel vostro paese?

Curiosità

Quando si gioca a tombola, di solito la sera di Natale o di Capodanno, per coprire i numeri si usano fagioli o lenticchie.

13   A tavola in … Campania

Pasta e fagioli alla campana

*Ingredienti per cinque o sei persone: 150 g di fagioli secchi qualità
cannellini, piccoli e bianchi – 500 g di pasta (maccheroncini, orecchiette
o gobbetti) – 500 g di pomodori pelati – ½ bicchiere di olio extra vergine
di oliva – 2 spicchi di aglio – un po' di prezzemolo – peperoncino – sale*

Lavare bene i fagioli e metterli a bagno nell'acqua per almeno 5 o 6 ore. Di solito si mettono a bagno la sera e si cucinano il giorno dopo. Fare cuocere i fagioli in abbondante acqua salata. La cottura dipende dal tipo di fagioli e dura almeno 30 minuti. Scolarli non appena pronti. In una pentola fare rosolare nell'olio l'aglio e il peperoncino. Togliere l'aglio quando è biondo. Aggiungere i pomodori pelati e far cuocere per circa 20 minuti. Infine unire i fagioli e fare cuocere a fuoco moderato per altri dieci minuti. Nello stesso tempo cuocere la pasta in acqua salata. Scolarla molto al dente. Mettere la pasta nella pentola con i fagioli e continuare la cottura ancora per qualche minuto prima di servire con il prezzemolo tritato.

Un consiglio: questa ricetta si può arricchire mettendo sulla pasta già servita un filo di ottimo olio di oliva e un po' di parmigiano grattugiato.

14   Che cosa significa?

Cercate il significato delle seguenti espressioni. Se necessario consultate un vocabolario.
Confrontate i risultati in plenum.

1. mettere a bagno   ....

2. scolare   ....

3. fare rosolare   ....

4. a fuoco moderato   ....

5. servire   ....

15   La vostra ricetta

Scrivete una ricetta a base di legumi per il dossier di classe.

16   Modi di dire

Lavorate a coppie. Che cosa significano questi modi di dire?

"capita a fagiolo"

Si dice di una persona che …
… non capisce niente.
… è arrivata proprio al momento giusto.
… mangia volentieri fagioli.

"è come la principessa sul pisello"

Si dice di una persona che …
… ha modi gentili e delicati.
… ha un modo di fare altezzoso e snob.
… indossa spesso abiti di colore verde.

Spiegate con parole vostre il seguente detto: *"prendere due piccioni con una fava"*

4 Bacco – *Il vino*

Bacco (1596-1597) – Caravaggio
Olio su tela, 95 x 85 cm
Firenze, Galleria degli Uffizi

1   Osservate e rispondete.

Sapete spiegare chi è Bacco? Secondo voi ha già bevuto il vino o lo sta per bere?
Che cosa vi colpisce di questo dipinto?

2 Leggete le informazioni sul dipinto e rispondete alla seguente domanda.

Per quale occasione è stato dipinto il quadro?

Come modelli per i suoi quadri Caravaggio sceglieva di solito persone normali che incontrava per strada e lo ispiravano. Il Bacco di questa tela con il volto e le mani abbronzate[1] e lo sguardo complice non ha un aspetto divino[2]. Le bollicine[3] nella caraffa indicano che il vino è stato versato da poco. Lo stato di leggera ebbrezza[4] è visibile dal rossore sulle guance[5] e dal modo insicuro con cui Bacco tiene in mano il calice. La forte luce che viene di lato libera la figura dallo sfondo scuro e mette in risalto[6] il corpo vigoroso di Bacco. Da notare inoltre l'estrema precisione[7] con cui sono stati dipinti gli oggetti di vetro e la cesta di frutta posta sul tavolo. Il quadro è stato probabilmente un regalo del cardinal Del Monte a Ferdinando I de' Medici in occasione del matrimonio di suo figlio Cosimo II. Per molti anni è rimasto nel deposito degli Uffizi, solo nel 1916 è stato riportato alla luce e riconosciuto come opera di Caravaggio.

[1] abbronzate: *scure a causa del sole* [2] aspetto divino: *apparenza di un dio* [3] bollicine: *piccole bolle d'aria* [4] ebbrezza: *eccitazione dovuta all'alcol* [5] guance: *(qui) volto, viso* [6] mette in risalto: *mette in evidenza* [7] estrema precisione: *grande esattezza*

3 Lavorate a coppie.

Riguardate il dipinto e descrivete le caratteristiche fisiche che Caravaggio ha dato al "suo" Bacco.

gli occhi
i capelli
il corpo
le braccia
le mani
lo sguardo
la fronte

umano
complice
nero
lungo
forte
rotondo
abbronzato
alto
rosso
basso

il viso
le guance
le spalle
le labbra
le sopracciglia
l'aspetto
la barba

4 Lavorate in piccoli gruppi.

Il Bacco non ha un aspetto divino e anche l'ambiente dove si trova è profano. Da che cosa si può capire? Osservate in particolare la cesta di frutta e il materasso su cui siede Bacco.

5 Per la conversazione

Lavorate a coppie. Descrivete l'aspetto di una delle persone raffigurate o di una persona che conoscete.

Un po' di storia

.
.
.

1559 |
Con la pace di Cateau Cambrésis
Napoli, Milano, la Sicilia e
la Sardegna passano sotto
il dominio spagnolo.

1564 |
Nascono Galileo Galilei e William
Shakespeare.

1571 |
Battaglia di Lepanto. I Turchi
perdono il dominio sul mar
Mediterraneo.

1582 |
Papa Gregorio XIII riforma
il calendario.

1590 |
I fratelli olandesi Hans e Zacharia
Janssen inventano il microscopio.

1598 |
L'Editto di Nantes garantisce
l'uguaglianza tra cattolici e
protestanti.

1603 |
Muore Elisabetta I d'Inghilterra.

1609 |
Galileo Galilei perfeziona
il cannocchiale.

1612 |
L'Accademia della Crusca pubblica
il primo vocabolario della lingua
italiana.

1618 |
Inizia la Guerra dei Trent'anni
(paesi protestanti contro paesi
cattolici).

.
.
.

6 Scheda biografica

Nome | Michelangelo Merisi detto il Caravaggio

Luogo e data di nascita | Milano, 29 settembre 1571

Famiglia | Figlio primogenito di Lucia Aratori e Fermo Merisi, andati sposi
nel paese di Caravaggio nel gennaio 1971. Il padre era architetto e sovrin-
tendente di Francesco Sforza.

Carattere | Temperamento impulsivo e violento

Formazione | Appena tredicenne entra a bottega dal pittore bergamasco
Simone Peterzano. Dal maestro impara una pittura fedele al vero alla quale
resterà sempre legato.

Maturità | Nel 1592 si trasferisce a Roma. Per poco tempo lavora nella
bottega del pittore Cavalier d'Arpino. L'incontro con il cardinal Del Monte
cambia la sua vita e Caravaggio diventa famoso. Quando nel 1606 in un
duello uccide un avversario è condannato a morte e deve fuggire da Roma.
Inizia così un'odissea che lo accompagnerà per il resto della vita. Muore il
18 luglio 1610 per una forte febbre su una spiaggia di Porto Ercole in
Toscana.

Motivi delle opere | Scene di vita quotidiana

Opere famose | Natura morta con cesta di frutta (1593), I bari (1594),
Giuditta e Oloferne (1598), Vocazione di San Matteo (1600), Morte della
Vergine (1604), Cena in Emmaus (1606)

7 Fate una ricerca.

Nel 1612 viene pubblicato il primo vocabolario della lingua italiana. Cercate
informazioni sull'Accademia della Crusca da inserire nel dossier di classe.

8   Leggete il testo e rispondete poi alle seguenti domande.

Com'è arrivata in Italia l'arte di lavorare il vetro? In quale epoca fiorisce a Venezia l'industria del vetro?

La storia del bicchiere

I primi bicchieri provenivano dalla natura: erano infatti conchiglie[1], corni o cortecce[2] di alberi. L'arte di lavorare il vetro viene portata in Italia dai Romani dopo le conquiste in Medio Oriente. Già nel primo secolo dopo Cristo si registra una vera e propria produzione di bicchieri e a Pompei gli artigiani raggiungono un'alta perfezione di tecnica e di forma. Con la caduta dell'Impero Romano e le invasioni barbariche la produzione del vetro si interrompe per riprendere intensamente nel XII secolo. Secondo fonti certe risale proprio a questo periodo l'arte di produrre oggetti di vetro in vari colori e la tecnica di fare bicchieri decolorati[3]. Venezia diventa presto la patria dell'arte vetraria e nel Rinascimento le preziose produzioni di Murano vengono esportate presso tutte le corti vicine. I segreti del mestiere erano gelosamente custoditi tanto che gli operai non potevano lasciare il territorio di Venezia, pena la loro morte e la carcerazione dei parenti.

Nel '700 però la produzione veneziana entra in crisi. Si affermano infatti i bicchieri di cristallo prodotti in Inghilterra e quelli fatti in Boemia con il nuovo vetro al potassio[4]. Nel XIX secolo, con l'affermarsi della borghesia, la cristalleria[5] da tavola trova grande diffusione fra la popolazione. In questo periodo vengono fissati i canoni validi tutt'oggi[6] che regolano la forma dei bicchieri per la degustazione dei vini e indicano come si apparecchia la tavola.

[1] conchiglie: *gusci di molluschi marini*   [2] cortecce: *parte esterna dell'albero*   [3] decolorati: *senza colore*   [4] potassio: *elemento chimico il cui simbolo è K*   [5] cristalleria: *oggetti di vetro e cristallo*   [6] canoni validi tutt'oggi: *regole ancora osservate da tutti*

9   Ad ogni bevanda il suo bicchiere

Durante una giornata beviamo più volte. Abbinate ad ogni bevanda il bicchiere più adatto.

1. A colazione: succo di frutta
2. Prima del pranzo e della cena: aperitivo
3. Durante il pranzo e la cena: vino rosso
4. La sera dopo cena: cognac

☐   ☐   ☐   ☐

10   Completate la regola e riscrivete poi le frasi che seguono nella forma passiva.

Il passivo si forma con .... o con .... seguiti dal participio passato del verbo principale. .... si può sempre usare mentre .... si usa solo nei tempi semplici.

1. I Romani hanno portato in Italia l'arte di lavorare il vetro. *L'arte di lavorare il vetro è stata portata in Italia dai Romani.*

2. Solo le classi più elevate usavano bicchieri. ....

3. I maestri vetrai tedeschi e boemi hanno superato i veneziani. ....

4. A Murano molti artigiani ancora oggi lavorano il vetro. ....

11 Leggete il testo sul vino e rispondete poi alle seguenti domande.

Da quanto tempo ci sono le osterie o locali simili?
Quale paese ha introdotto per primo delle regole sulla produzione del vino?

Il vino come il pane appartiene da sempre all'alimentazione base dei popoli occidentali. Da millenni le popolazioni del Mediterraneo coltivano la vite[1] e producono vino: bianco, rosso, dolce, secco, ad alta o bassa gradazione.

Per gli antichi Greci il dio Dionisio, figlio di Zeus, aveva insegnato agli uomini a coltivare la vite e quindi il vino era un suo dono. Più tardi i Romani daranno a Dionisio il nome di Bacco. Nel mondo romano c'erano locali simili alle nostre osterie, le *tabernae*, dove era possibile bere vino e mangiare focacce, formaggi, uova, frutta e verdure. Con la caduta dell'impero romano la viticoltura entra in crisi ma nei conventi si continua a produrre il vino, necessario per celebrare l'Eucarestia. La coltivazione del-

la vite riprenderà vigorosa nel Medioevo proprio grazie all'impulso dato dai monaci benedettini e cistercensi. Nel '700 le tecniche di coltivazione e produzione acquistano un carattere "moderno" e comincia l'uso delle bottiglie di vetro e dei tappi[2] di sughero.

La Francia è il primo paese che nel secolo scorso ha introdotto delle norme[3] per regolare la produzione del vino, come ad esempio l'indicazione del territorio e del vitigno[1] usato. Per la produzione e la classificazione dei vini l'Unione Europea ha stabilito delle regole precise. Le diverse classificazioni presenti sulle etichette aiutano i consumatori a scegliere vini di qualità fra i tanti tipi che si trovano in vendita.

[1] vite, vitigno: *pianta dell'uva*   [2] tappi: *servono per chiudere le bottiglie*   [3] norme: *regole*

12 Carta d'identità del vino

L'etichetta è la carta d'identità del vino. Ci dà tutte le informazioni relative al prodotto al quale si riferisce. Abbinate ad ogni etichetta la spiegazione appropriata.

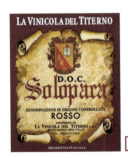 □    □    □    □

1. Vino per il quale non sono state rispettate particolari tecniche di produzione (vino da tavola).
2. Vino che è stato prodotto in determinate regioni (Indicazione geografica tipica).
3. Vino che è stato prodotto in una zona ben precisa e secondo norme stabilite dal Ministero (D.O.C.).
4. Vino D.O.C. che da almeno 5 anni viene considerato di particolare pregio (D.O.C.G.).

13 Per la conversazione

- Sapete quando si beve di solito il vino in Italia? Quando si beve nel vostro paese?
- Nella vostra regione si produce vino? Quali sono i vini più conosciuti? Quali indicazioni ci sono sull'etichetta? E voi bevete il vino? Quale tipo di vino preferite?

← **secco** — **abboccato** — **amabile** — **dolce** →

14   A tavola in . . . Sicilia

Pesce spada al vino bianco

Ingredienti per 4 o 5 persone: 1 kg di pesce spada a fette – farina – olio – una cipollina – un'acciuga o mezzo cucchiaio di pasta di acciughe – un cucchiaino di prezzemolo tritato – un bicchiere di buon vino bianco secco – un bicchiere di brodo

In una padellina soffriggere, in due o tre cucchiai di olio, la cipollina tritata finemente. Aggiungere l'acciuga o la pasta di acciughe e il prezzemolo tritato, poi bagnare il tutto con il vino bianco. Quando il vino sarà quasi evaporato, diluire la salsa con il brodo.
Lavare e asciugare bene il pesce. Infarinarlo leggermente e farlo dorare in una padella con poco olio.
Versare la salsa sulle fette di pesce spada e fare cuocere a fuoco lento per qualche minuto.
Attenzione! Il pesce spada non deve cuocere a lungo altrimenti diventa duro.

15   Rileggete la ricetta e completate.

Bisogna . . .

soffriggere	tritare	diluire	infarinare
....	....	....	....
....	....	....	....

16   La vostra ricetta

Scrivete una ricetta, in cui si usa il vino, da inserire nel dossier di classe.

17   Lavorate a coppie.

Volete invitare degli amici a cena con tutta la famiglia. Assumete la parte di chi invita o dell'invitato e fate il dialogo (indicate il giorno, chi sono gli altri invitati e dite che si tratta di una cena a base di pesce).

18   Consigli utili

• Tenere le bottiglie in posizione leggermente inclinata in modo da umidificare il tappo.
• Ad ogni vino il suo bicchiere. La forma del bicchiere è molto importante perché influenza il profumo che sentiamo.
• Per cucinare bisogna usare del vino buono, meglio ancora se si prende lo stesso vino che poi si beve.

19   Modi di dire

Lavorate a coppie o in piccoli gruppi. Provate a spiegare uno di questi detti:

"in vino veritas"   *"buon vino fa buon sangue"*   *"il vino buono si trova nella botte piccola"*

Ci sono modi di dire simili nella vostra lingua?

5 Adamo ed Eva in paradiso – *Le mele*

Adamo ed Eva in Paradiso (1610–1615) – Peter Paul Rubens e Jan Brueghel
Olio su tavola, 74 x 115 cm
L'Aia, Mauritshuis

1   Osservate e rispondete.

Chi sono e dove sono le persone raffigurate?
Quale momento particolare descrive il dipinto?
Provate a descrivere il quadro.

2   Leggete le informazioni sul dipinto e rispondete poi alle seguenti domande.

Chi era Jan Brueghel? Chi ha dipinto Adamo ed Eva?

Rubens ha dipinto il famoso quadro "Adamo ed Eva in Paradiso" insieme a Jan Brueghel, uno dei suoi apprendisti[1]. Ancora oggi non si sa esattamente se attribuirlo[2] in maggior parte all'uno o all'altro. Sicuramente la coppia è stata dipinta da Rubens. Lo dimostra l'aspetto vigoroso[3] delle figure unite insieme dal movimento delle braccia. Con l'offerta della mela le loro mani si toccano, i loro sguardi si incrociano rivelando il destino[4] comune che li attende.

Molto probabilmente invece la flora e la fauna sono di Brueghel. Come in un libro illustrato vediamo le più varie specie di animali dipinti con estrema esattezza, ma senza armonia né ordine.

[1] apprendisti: *persone che imparano un mestiere*   [2] attribuire: *indicare come autore*   [3] vigoroso: *forte*
[4] destino: *futuro immutabile*

3   Gioco a squadre

Ogni squadra a turno dice il nome di un animale raffigurato sul quadro. Vince la squadra
che conosce il nome di più animali. Nel serpente ne potete scoprire alcuni. Se necessario usate
il vocabolario.

....

....

4   Per la conversazione

Molti animali vivono da sempre in compagnia dell'uomo. E voi, avete qualche animale
domestico? Negli ultimi anni è di moda tenere in casa anche animali selvatici o esotici.
Che cosa pensate di questo fenomeno?

Un po' di storia

.
.

1582 |
Papa Gregorio XIII riforma
il calendario.

1590 |
I fratelli olandesi Hans e Zacharia
Janssen inventano il microscopio.

1598 |
L'Editto di Nantes garantisce
l'uguaglianza tra cattolici e
protestanti.

1603 |
Muore Elisabetta I d'Inghilterra.

1609 |
Galileo Galilei perfeziona
il cannocchiale.

1612 |
L'Accademia della Crusca pubblica
il primo vocabolario della lingua
italiana.

1618 |
Inizia la Guerra dei Trent'anni
(paesi protestanti contro paesi
cattolici).

1647 |
Il fisico Evangelista Torricelli
costruisce il primo barometro.

1648 |
La pace di Westfalia pone fine alla
Guerra dei Trent'anni.

1661 |
Luigi XIV, il Re Sole, sale al trono di
Francia.

.
.

5   Scheda biografica

Nome | Peter Paul Rubens

Luogo e data di nascita | Siegen, in Westfalia, 28 giugno 1577

Infanzia | Cresce ad Anversa, in Olanda, dove si trasferisce la famiglia.

Formazione | All'età di quattordici anni comincia il suo apprendistato
artistico con Tobias Verhaeght. Nel 1600 va in Italia prima a Venezia e poi a
Mantova alla corte dei Gonzaga, dove assume l'incarico di pittore di corte.
Per conto del duca Vincenzo I Gonzaga lavora a Roma e in altri paesi europei.

Carattere | Con il suo temperamento vivace e focoso conquista l'amore
delle belle donne italiane e l'amicizia degli uomini.

Maturità | A causa di incomprensioni e gelosie dopo otto anni i rapporti
con la famiglia Gonzaga si raffreddano e Rubens ritorna nelle Fiandre dove
avrà grande successo. Nel 1609 sposa Isabella Brant che purtroppo muore
giovane. All'età di 53 anni sposa una ragazza di 16 anni, Hélène Fourment.
Negli ultimi anni ama dipingere la felicità familiare, la bellezza di Hélène e
la grazia dei loro figli. Muore ad Anversa il 30 maggio 1640.

Motivi delle opere | Morbide figure femminili con la pelle color madreperla

Opere famose | La trinità adorata dalla famiglia Gonzaga (1604 – 1605),
Cristo morto (1612), Incredulità di San Tommaso (1613 – 1615), Venere al
bagno (1612 – 1615), Autoritratto (1623), Hélène Fourment con due dei suoi
figli (1636).

6   Fate una ricerca.

Cercate informazioni sui cambiamenti più importanti che seguono alla
Guerra dei Trent'anni. Inserite la vostra ricerca nel dossier di classe.

7   Leggete il testo e rispondete poi alla seguente domanda.

Quali innovazioni ha portato Caterina de' Medici nella cucina francese?

Caterina de' Medici porta alla corte di Francia la cucina toscana.

Nel Rinascimento tutta l'Europa guarda con ammirazione[1] all'Italia che detta legge nel campo dell'arte, della moda, del gusto e della gastronomia. Anche la Francia subisce questo fascino. Caterina de' Medici, andata sposa a Enrico II re di Francia nel 1533, non contenta di quanto servivano a corte chiama a Parigi dei cuochi toscani. L'aristocrazia e più tardi il popolo vengono così a contatto con gli usi della cucina italiana e con il tempo li uniscono alla tradizione gastronomica francese. È proprio Caterina che comincia a separare[2] i cibi salati da quelli dolci e che introduce[3] la moda di usare la forchetta a tavola.

Anche l'uso italiano di condire l'insalata influenza la cucina francese. In un testo gastronomico del '600 si legge: "… insalata ben salata, poco aceto e ben oliata". Ben presto però la cucina italiana deve lasciare il primato a quella francese. Sono appunto francesi le nuove salse a base grassa (latte, uova, burro, farina) stemperate nel vino che danno inizio al processo di trasformazione della gastronomia europea.

[1] ammirazione: *rispetto, meraviglia*   [2] separare: *dividere*   [3] introduce: *fa conoscere*

8   Per la conversazione

Ci sono insalate per tutti i gusti e tanti modi di condirle.
E voi che tipo di insalata preferite?
Con che cosa la preparate e come la condite?

9   I pronomi

Conoscete le abitudini degli italiani? Inserite nelle frasi i pronomi *lo – la – li – le*

Gli italiani …

1. … il cappuccino .... bevono solo a colazione.

2. … i salatini .... offrono con l'aperitivo.

3. … il vino .... bevono durante il pasto.

4. … la pasta .... mangiano al dente.

5. … le scaloppine .... insaporiscono con la salvia.

6. … il pane .... mettono sempre in tavola.

7. … l'insalata .... condiscono con olio , sale e aceto.

> **Curiosità**   *È stata Caterina de' Medici a fare indossare alle dame della corte francese le mutande perché le trovava indispensabili per le signore che, come lei, amavano andare a cavallo.*

10 Leggete il testo sulla mela e rispondete poi alle seguenti domande.

Ci sono molte mele "famose". Quali esempi presenta il testo?
Ne conoscete altri? Pensate anche alla religione o al mondo delle fiabe.

La mela, chiamata anche "pomo", è uno dei frutti più antichi e più diffusi[1] nel mondo e ad essa sono legati tanti racconti e tante leggende. Nella mitologia greca la mela è simbolo di amore e bellezza, ma anche di rivalità. La guerra di Troia infatti scoppia a causa di una mela d'oro, "il pomo della discordia[2]". Paride, figlio del re di Troia Priamo, deve donare questa mela alla dea più bella. Sceglie Venere, così Giunone e Minerva si offendono e da quel momento cominciano i guai[3] per Troia. I Romani chiamano la mela "malum" usando la stessa parola con cui indicano il male. La mela ha avuto un ruolo importante anche nelle scoperte scientifiche. Nel 1666 Isaac Newton ha intuito[4] la legge della gravitazione universale dopo che una mela gli era caduta sulla testa. Oggi possiamo comprare tanti altri frutti, anche esotici, ma la mela è sempre presente sulle nostre tavole.

[1] diffusi: *conosciuti*   [2] discordia: *mancanza di accordo*   [3] guai: *problemi*   [4] ha intuito: *ha capito*

11 Lavorate in piccoli gruppi.

Conoscete i nomi di queste piante? Se necessario usate il vocabolario. Quali alberi da frutto sono tipici della vegetazione mediterranea? Quali si trovano anche nel vostro paese?

1. .... 2. .... 3. .... 4. .... 5. .... 6. ....

12 Ad ogni frutto la sua stagione

Raccogliete nomi di alberi da frutto tipici della regione in cui vivete (se necessario fate uso del vocabolario) e riportateli nel calendario sottostante a seconda del periodo in cui maturano i loro frutti.

primavera	estate	autunno	inverno
marzo aprile maggio	giugno luglio agosto	settembre ottobre novembre	dicembre gennaio febbr
....	....	....	....
....	....	....	....
....	....	....	....

13 A tavola ... in Lombardia

Mostarda di mele cotogne

Una salsa speciale per accompagnare diversi tipi di carne.
Ingredienti: 1 k di mele cotogne – 500 g di zucchero –
14 gocce di essenza di senape

Sbucciate le mele cotogne, togliete il torsolo e tagliatele a fette sottili. Mescolatele con lo zucchero e lasciatele riposare per 24 ore. Le mele lasceranno tanto succo, colatelo, fatelo addensare sul fuoco per una decina di minuti e versatelo sulle mele. Dopo altre 24 ore ripetete l'operazione: colate il succo, fatelo addensare sul fuoco per una decina di minuti e versatelo sulle mele. Passate ancora 24 ore fate bollire insieme il succo e la frutta. Quando tutto si è raffreddato aggiungete l'essenza di senape che si compra in farmacia. Mettete poi la mostarda in un vaso di vetro a chiusura ermetica . Dopo un mese la salsa è pronta da gustare.

Consiglio: questa mostarda è particolarmente buona con il bollito e con il formaggio. Ricordate che è una salsa e non una marmellata anche se c'è lo zucchero.

14 Rileggete la ricetta e abbinate i verbi alle espressioni corrette.

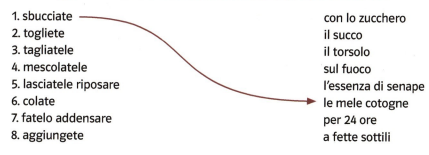

1. sbucciate   con lo zucchero
2. togliete   il succo
3. tagliatele   il torsolo
4. mescolatele   sul fuoco
5. lasciatele riposare   l'essenza di senape
6. colate   le mele cotogne
7. fatelo addensare   per 24 ore
8. aggiungete   a fette sottili

15 La vostra ricetta

Scrivete una ricetta con le mele per il dossier di classe.

16 Scrivete una e-mail

Questa ricetta è un po' insolita. L'avete letta, ma avete qualche dubbio.
Scrivete una e-mail all'amico che ve l'ha data per chiedere chiarimenti. Fategli almeno tre domande.

17 Modi di dire

Lavorate a coppie o in piccoli gruppi. Provate a spiegare i seguenti detti:

"una mela al giorno toglie il medico di torno"   *"non vale un fico secco"*

"la pianta si conosce dal frutto"

6 Natura morta con vaso di olive – *Le olive*

Natura morta con vaso di olive (1760) – Jean-Siméon Chardin
Olio su tela, 71 x 98 cm
Parigi, Musée du Louvre

1   Osservate e rispondete.

Che cosa si vede in questo dipinto?
Secondo voi in quale stanza si trova questo mobile?
Come vi immaginate la famiglia che abita in questa casa?

2   Leggete le informazioni sul dipinto e rispondete poi alle seguenti domande.

Quali elementi nel quadro ci dicono che siamo in casa di una famiglia agiata? Nel '700 le olive erano ancora un alimento povero?

Con questo quadro entriamo in una casa borghese alla metà del '700. Sul mobile si trovano alimenti e oggetti di uso quotidiano. L'abbondanza dei frutti e la maiolica finemente decorata ci indicano che la famiglia gode di[1] un certo benessere[2]. Gli eleganti bicchieri danno un tocco di vitalità alla scena e testimoniano la presenza di due persone. Chissà chi avrà bevuto dal bicchiere quasi vuoto? Il vaso con le olive in salamoia[3] fa capire che questo alimento, in origine povero, è diventato una delicatezza apprezzata anche dalle famiglie più agiate[4]. La luce che illumina tutta la scena trasmette all'osservatore una sensazione di intimità e serenità[5].

[1] gode di: *ha*   [2] benessere: *ricchezza*   [3] salamoia: *miscela di acqua e sale*   [4] agiate: *ricche*   [5] serenità: *tranquillità*

3   Tecniche di conservazione

Le olive possono essere conservate in salamoia. Quale tecnica di conservazione usate per i seguenti alimenti?

acciughe | funghi | cetrioli | lamponi | fichi | capperi | carciofini | carote | piselli | more

surgelazione   essiccazione   sotto olio/aceto   sotto sale   con lo zucchero

....

....

4   L'arte di conservare il cibo è molto antica.

Completate il testo e confrontate poi i risultati in plenum.

seccati al sole | sterilizzazione | l'aceto | surgelazione | sotto sale | la salamoia | marmellate | luoghi asciutti

Le tecniche di conservazione in uso nel mondo romano si sono mantenute per secoli, fino a quando sono stati

scoperti i processi di .... con Pasteur e più tardi la .... Legumi, cereali, noci, mandorle

e nocciole venivano conservati in .... Fichi, mele, pere e uva potevano essere ....

Anche le olive potevano essere essiccate oppure venivano immerse in una miscela di acqua e sale,

.... Molti ortaggi venivano conservati in vasetti con .... La carne e il pesce di solito

venivano messi .... con l'aggiunta di spezie. Dopo la scoperta dell'America lo zucchero di canna

entra a far parte dei prodotti "conservanti" e va a sostituire il miele nella preparazione delle ....

5   Per la conversazione

Comprate solo prodotti freschi o fate uso anche di conserve e surgelati?
Come conservate la frutta e la verdura?

6 Scheda biografica

Nome | Jean-Siméon Chardin

Luogo e data di nascita | Parigi, 2 novembre 1699

Famiglia | Il padre è falegname e Jean impara il mestiere artigianale.
Dimostra subito però talento per la pittura e a 19 anni viene mandato in
vari atelier. Ciononostante Chardin resta comunque autodidatta.

Formazione | Nei suoi studi sulla pittura viene influenzato dai maestri
olandesi. Agli inizi dipinge nature morte. Nel 1724 diventa maestro
all' Accademia di Saint-Luc.

La maturità | Dipinge scene di vita borghese che rappresentano i valori di
questa classe sociale. I suoi quadri hanno molto successo. Ha protettori
influenti che gli procurano un vitalizio, la possibilità di abitare in un apparta-
mento al Louvre e di diventare membro dell'Accademia di Scienze e Belle
Arti di Rouen.

La vecchiaia | La sua vista si indebolisce, abbandona la pittura a olio e
passa al pastello. Muore a Parigi nel 1779.

Motivi delle opere | Quadri di "genere" che rappresentano scene di vita
quotidiana e nature morte

Opere famose | Donna che sigilla una lettera (1733), Fanciullo con la
trottola (1735), La brioche (1763), Autoritratto (1771), Ritratto di Madame
Chardin (1775)

7 Fate una ricerca.

Johann Sebastian Bach è stato un grande compositore. Raccogliete delle
informazioni sulla vita e le opere da inserire nel dossier di classe.

8   **Leggete il testo e rispondete poi alle seguenti domande.**

Fra le spezie nominate nel testo quali conoscete? Come venivano usate le spezie nella cucina
del Medioevo e del Rinascimento? Come mai è diminuito il consumo delle spezie?

Storia delle spezie

Per spezie si intendono le radici[1], i fiori, i frutti, le
bacche[2] o la corteccia[3] di una pianta aromatica.
Già nell'antichità si usavano le spezie per rendere
più piacevole il gusto degli alimenti, per condire
il pane, per conservare i cibi ma anche per le loro
qualità medicinali e terapeutiche.
Alle spezie locali come l'anice, l'aneto, i semi di
finocchio, il cumino, il ginepro, la senape, lo zaffe-
rano ecc. si aggiungono nel tempo quelle importate
dall'Oriente e dal Nuovo Mondo come il pepe, i
chiodi di garofano, la noce moscata, la cannella, il
peperoncino, la vaniglia e tante altre. Nel Medioevo e nel Rinascimento le spezie importate dai
paesi lontani erano molto care e solo le classi privi-
legiate potevano comprarle. I cuochi di corte usavano grandi quantità di spezie e aromi combinati
fra di loro per modificare il gusto dei cibi e creare
pietanze sempre diverse per stupire gli ospiti con
sapori sconosciuti.
Sono i cuochi francesi che fra il '600 e il '700
rivoluzionano la cucina ponendo semplici regole,
rimaste valide fino ai nostri giorni, secondo le quali
nella preparazione dei cibi è importante rispettare
il sapore naturale di ciascun alimento.

[1] radici: *parte della pianta nella terra*   [2] bacche: *frutti di piante selvatiche*   [3] corteccia: *parte esterna delle piante*

9   **Lavorate in piccoli gruppi.**

Ecco le piante di alcune spezie molto diffuse. Sapete come si chiamano? Abbinate.

cumino | ginepro | chiodi di garofano | cannella | vaniglia | pepe | noce moscata

1. ....   2. ....   3. ....   4. ....

5. ....   6. ....   7. ....

10   **Per la conversazione**

Parlate in piccoli gruppi delle vostre abitudini. In cucina usate le spezie? Quali in particolare?
Per quali piatti le usate? Confrontate i vostri risultati con gli altri gruppi e fate un elenco delle
tre spezie più usate dalla classe.

11   Leggete il testo sulle olive e rispondete poi alle seguenti domande.

Di quali tipi di olive si parla nel testo? Come si conservano?

La coltivazione dell'olivo in Italia è diffusa special-mente nelle regioni del Centro e del Sud. Al Nord la produzione è estremamente limitata e si concentra solo in alcune zone a microclima più temperato, come ad esempio la Liguria o le zone collinari attorno al Lago di Garda. Normalmente l'oliva ha la buccia liscia, di colore verdastro e quando matura può diventare nero-viola. Ci sono olive da olio e da tavola. Queste ultime si conservano in salamoia o asciugate[1] nel forno. In commercio ce ne sono di diversi tipi. Le olive verdi nell'Italia centrale e in Calabria vengono conservate in acqua leggermente salata; olive verdi dolci sono quelle ascolane[2] e pugliesi; le olive "bianche" si trovano soprattutto in Sicilia, sono dette così perché perdono il colore stando in una salamoia molto forte. Fra le olive più conosciute ci sono quelle di Gaeta. Sono molto usate per preparare piatti tradizionali del Sud e non mancano quasi mai nelle ricette a base di pomodori e peperoni. Le olive sono buone al naturale, ma anche aromatizzate con acciughe, peperoncino, cipolla, finocchio, aglio, origano e condite con olio.

[1] asciugate: *seccate*   [2] ascolane: *di Ascoli*

12   Vero o falso? Rileggete il testo e mettete una crocetta.

	vero	falso
1. La coltivazione delle olive è diffusa anche in tutto il Nord Italia.	☐	☐
2. Le olive diventano bianche perché sono conservate sott' olio.	☐	☐
3. Le olive di Gaeta vengono molto usate nella cucina meridionale.	☐	☐
4. Peperoncino e cipolla rendono aromatiche le olive.	☐	☐

13   Come si formano gli avverbi? Rileggete il testo e completate.

Agli aggettivi in *-o* si aggiunge alla forma femminile la desinenza *-mente*: estremo → ....

Agli aggettivi in *-e* si aggiunge la desinenza *-mente*: veloce → velocemente

Gli aggettivi in *-le* e *-re* perdono la vocale finale: speciale → ....

14   Completate trasformando quando è necessario l'aggettivo in avverbio.

Il terreno e la qualità delle olive conferiscono ad ogni olio un gusto ....

(speciale): l'olio può essere fruttato o speziato, dolce o amaro, forte o delicato. Ogni tipo

di olio è .... (particolare) adatto ad accompagnare determinati cibi. L'olio

extravergine ligure .... (normale) si usa per condire il carpaccio. L'olio tosca-

no è .... (perfetto) con le bruschette. Sulla carne alla griglia invece si usa

.... (preferibile) l'olio pugliese.

15   Lavorate a coppie o in piccoli gruppi.

Che posto occupa l'olio d'oliva nella vostra cucina? Siete mai stati in un frantoio? Raccontate.

16 **A tavola in ... Calabria**

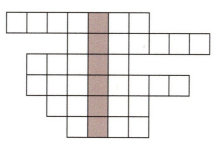

Salsa di olive e capperi

*Ingredienti per quattro persone: 4 pomodori grossi, maturi ma
sodi – una ventina di olive di Gaeta – una ventina di capperi
sotto sale – due spicchi di aglio schiacciato – 4 cucchiai di olio di oliva
di ottima qualità – peperoncino a piacere – sale*

Scottare per qualche secondo i pomodori in acqua bollente, pelarli, tagliarli a pezzetti e metterli in una
terrina. Unire le olive tagliate a pezzetti. Aggiungere i capperi lavati e tritati grossolanamente, l'aglio
schiacciato, l'olio, il peperoncino e il sale. Lasciare riposare questi ingredienti per circa tre ore, togliere
l'aglio. Si può usare questa salsa sul pane tagliato a fette, con la carne alla griglia o per condire la pasta.
Se si condisce la pasta si può rendere il piatto più appetitoso con una grattugiata di ricotta stagionata.

17 **Rileggete la ricetta e completate.**

1. Viene grattugiata.

2. Vengono tritati.

3. Vengono tagliate a pezzetti.

4. Vengono pelati.

5. Viene schiacciato.

6. Viene tagliato a fette.

Con la parola trovata potete completare la seguente frase:

Tutti a ...., è pronto da mangiare!

18 **La vostra ricetta**

Scrivete la ricetta di una salsa da inserire nel dossier di classe.

19 **Proverbi e modi di dire**

Lavorate a coppie. Che cosa significano questi modi di dire? In che occasione si usano?

"liscio come l'olio"

Si dice …
… per indicare che il mare è calmo.
… quando la salsa è omogenea.
… per indicare un foglio ancora nuovo.

"ci vuole olio di gomito"

Si dice …
… di una persona che pratica molto sport.
… quando un motore ha bisogno di olio.
… quando un lavoro richiede molto impegno.

Ecco adesso due proverbi. Provate a spiegare il loro significato.

"La verdura è una pietanza che vuole olio in abbondanza."

"Nell'olio, nel vino, nell'acqua di mare il pesce gustoso vuol sempre nuotare."

7 Colazione sull'erba – *Le ciliegie*

Colazione sull'erba (1863) – Edouard Manet
Olio su tela, 208 x 264 cm
Parigi, Musée D'Orsay

1 Osservate e rispondete.

Secondo voi che rapporti hanno fra loro le persone raffigurate?
Che cosa stanno facendo? Che cosa vi colpisce in questo dipinto?

2   Leggete le informazioni sul dipinto e rispondete alla seguente domanda.

L'arte ha sempre raffigurato donne nude. Come mai questo quadro scandalizza la buona
società dell'epoca?

Con questo quadro Manet scandalizza la buona società dell'epoca. Una donna nuda, impudica[1], guarda in modo quasi provocatorio nel viso di chi la osserva. Questa figura femminile che siede tra due uomini vestiti secondo la moda degli studenti del tempo non ha nessun significato allegorico, cosa che forse avrebbe giustificato la nudità. Sullo sfondo un'altra donna si sta bagnando le gambe. Ma perché scandalizzarsi? Perché parlare di morale? Già il pittore Giorgione 300 anni prima aveva dipinto un soggetto simile che aveva trovato un posto d'onore al Louvre senza dare scandalo. Probabilmente non è il tema che indigna, bensì[2] il modo di dipingere di Manet contrario alle abitudini dell'epoca: colori vivaci e freschi, senza sfumature[3], una luce non dolce e morbida, ma chiara e forte che illumina perfino le ombre[4] e colpisce chi osserva. Un critico di allora scrive tra l'altro: "Non riesco a capire cosa abbia spinto un artista intelligente a dipingere un quadro così assurdo". Manet però non si lascia influenzare e due anni dopo presenta un altro nudo: "Olympia". Anche questo dipinto viene prima denigrato[5] ma poi … finisce al Louvre.

[1] impudica: *senza vergogna, senza morale*   [2] bensì: *ma, piuttosto*   [3] sfumature: *diversi gradi di uno stesso colore*
[4] ombre: *zone senza luce diretta*   [5] denigrato: *criticato, diffamato*

3   Per commentare un quadro

Lavorate a coppie. Abbinate le espressioni ai temi appropriati.

vivaci | dolce | ritratto | freschi | cupi | tema astratto | chiari | nudo | scuri |
morbida | calda | paesaggio | chiara | forte | natura morta

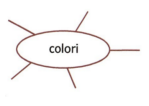

colori

soggetto

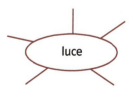

luce

4   Per la conversazione

Lavorate a coppie o in piccoli gruppi.
Volete organizzare un pic-nic all'aperto.
Decidete dove andare, cosa portare
da bere, da mangiare, ecc.

.
.
.

1840 |
In Gran Bretagna entra in vigore
il primo francobollo del mondo
passato alla storia come Penny
Black.

1858 |
Il biologo britannico Charles
Darwin pubblica la sua teoria
sull'evoluzione per selezione
naturale.

1860 |
Garibaldi organizza la Spedizione
dei Mille per conquistare il Regno
delle Due Sicilie.

1861 |
Viene convocato il primo
parlamento italiano e Vittorio
Emanuele II è proclamato
primo re d'Italia.

1862 |
Otto von Bismarck viene nominato
primo ministro di Prussia.

1869 |
Dopo circa dieci anni di lavori
viene inaugurato il canale di Suez.

1871 |
A Versailles il re di Prussia è
nominato imperatore e viene
proclamato il Reich della
Germania. Alsazia e Lorena
passano alla Germania.

1882 |
Il patto difensivo di Triplice
Alleanza viene firmato a Vienna
dagli imperi di Germania, Austria-
Ungheria e dal Regno d'Italia.

1886 |
L'ingegnere tedesco Karl Benz
realizza il primo veicolo con
motore a scoppio, nasce
la prima autovettura.

.
.
.

5 Scheda biografica

Nome | Edouard Manet

Luogo e data di nascita | Parigi, 23 gennaio 1832

Famiglia | Cresce in un ambiente ricco e influente, la sua famiglia
appartiene alla colta borghesia.

Formazione | Entra nello studio di Thomas Couture, un famoso pittore.
Fa lunghi viaggi in Italia e Spagna per studiare i grandi maestri.

La maturità | Con il dipinto "Colazione sull'erba" e "Olympia" il giovane
Manet scandalizza la società dei suoi tempi. È definito un "rivoluzionario"
e i suoi quadri vengono rifiutati dal Salon (l'esposizione ufficiale organizzata
dall'Accademia delle Belle Arti di Parigi). I suoi lavori influenzano e antici-
pano lo stile impressionista. Manet stesso però rifiuta di essere considerato il promotore di questo nuovo movimento artistico e non partecipa mai
alle esposizioni di gruppo. Muore a Parigi il 30 aprile 1883 dopo una lunga
malattia.

Motivi delle opere | Paesaggi, figure erotiche, nature morte, scene di vita
contemporanea, ritratti

Opere famose | Olympia (1863), Il piffero (1866), Il balcone (1868), Ritratto
di Émile Zola (1868), Il bar delle Folies Bergères (1881 – 1882), Autoritratto
(1878)

Ricordiamo di lui | Manet ha ideato un gioco di parole che si è rivelato
una profezia: "Manet et manebit" – "resta e resterà".

6 Fate una ricerca.

In molte città italiane ci sono vie, piazze o monumenti dedicati a Garibaldi.
Raccogliete alcune informazioni su questo personaggio storico da inserire
nel dossier di classe.

7 Leggete il testo e rispondete poi alle seguenti domande.

Che importanza ha la colazione e perché? Come sono cambiate le abitudini nel tempo?

La prima colazione nella storia

Il buon giorno si vede dal mattino. E cosa c'è di meglio che cominciare la giornata con una buona colazione? È la colazione infatti a darci l'energia necessaria per affrontare[1] il lavoro e lo studio.

Dai tempi antichi ad oggi il primo pasto della giornata è sempre stato un momento particolare, ma nel corso dei secoli le abitudini sono cambiate. Nei paesi mediterranei, ad esempio, una volta al mattino con il pane si mangiavano olive, formaggio, fichi secchi e si beveva vino allungato con acqua. Tra i classici della colazione oggi troviamo i cereali, il pane e il latte, i succhi di frutta, il caffè, il tè e il cioccolato che è arrivato in Europa dopo la scoperta dell'America. Per i popoli del Nord Europa la colazione è importante perché è il primo vero pasto della giornata. Al mattino si mangiano uova, prosciutto, formaggio, pane tostato, panini, cornetti, burro e marmellata e in qualche paese persino pesce affumicato. Anche in Italia negli ultimi anni molte persone hanno cambiato le loro abitudini e la mattina fanno uno spuntino più abbondante[2]. Nonostante ciò il caffè continua a restare l'indiscusso re della prima colazione.

[1] affrontare: *andare incontro a, prepararsi a*   [2] abbondante: *grande quantità*

8 Rileggete il testo e completate prima la regola e poi le frasi.

> I seguenti verbi formano il passato prossimo sia con *essere* che con *avere*.
> Quando sono usati in senso transitivo e cioè si riferiscono ad un oggetto espresso o sottinteso formano il passato prossimo con ....
> Quando sono usati in senso intransitivo formano il passato prossimo con ....

1. Nel corso dei secoli le abitudini .... (cambiare).

2. Gli italiani negli ultimi anni .... (cambiare) le loro abitudini.

3. .... già .... (suonare) mezzogiorno. .... (tu-finire) di apparecchiare la tavola?

4. Qualcuno .... (suonare) il campanello. Vado a vedere se sono arrivati i nostri ospiti.

5. Il brunch a casa di Enrico .... (cominciare) verso le undici ed .... (finire) alle due.

9 Per la conversazione

Lavorate a coppie o in piccoli gruppi.
Parlate delle vostre abitudini a colazione.
Che cos'è per voi una colazione speciale?
Avete fatto esperienze particolari in altri paesi?
Oggi va di moda il "brunch". Che ne pensate?

10 Leggete il testo sulle ciliegie e rispondete poi alle seguenti domande.

Che cosa dice il testo dei personaggi famosi in relazione alle ciliegie?
Perché le ciliegie costano molto?

Già all'età della pietra gli uomini raccoglievano e mangiavano le ciliegie selvatiche[1]. Alcuni archeologi scavando nelle grotte dei nostri antenati hanno trovato noccioli[2] di ciliegie pietrificati.

Le prime ciliegie coltivate sono state portate a Roma da Lucullo. Plinio il vecchio, storico e naturalista romano, consigliava di mangiare le ciliegie con il nocciolo perché preservavano dalla gotta[3]. Questo era un consiglio molto conosciuto e praticato. Anche il re di Francia Luigi XV lo seguiva e si arrampicava[4] personalmente sull'albero per raccogliere i benefici[5] frutti. Lo stesso faceva lo scrittore Jean-Jacques Rousseau. Un giorno, mentre mangia le ciliegie sull'albero ne getta maliziosamente una nella scollatura[6] dell'amata e bellissima M.lle Galley.

Le ciliegie oggi costano molto perché bisogna raccoglierle a mano. Una varietà di ciliegie sono le amarene che hanno un sapore aspro e amarognolo. Sono adatte per preparare liquori, sciroppi e per essere conservate sotto spirito.

[1] selvatiche: *non coltivate* [2] noccioli: *ossi dentro un frutto* [3] gotta: *una malattia* [4] si arrampicava: *saliva sull' albero*
[5] benefici: *che fanno bene* [6] scollatura: *décolleté*

11 Con il nocciolo o senza?

Abbinate i nomi dei frutti ai disegni e contrassegnate con un cerchio quelli che hanno il nocciolo.
I frutti rimasti hanno un nome particolare. Sapete dire quale?

prugne | albicocche | ribes | pesche | lamponi | fragole | mirtilli | more |
uvaspina | amarene

1. ....   2. ....   3. ....   4. ....   5. ....

6. ....   7. ....   8. ....   9. ....   10. ....

12 Per la conversazione

Lavorate a coppie o in piccoli gruppi. Quali di questi frutti crescono anche nel vostro paese?
Quali sono più adatti per fare le marmellate? Quali usate per i vostri dolci?

13   A tavola in … Emilia Romagna

Ciliegie di Vignola al pane fritto

Ingredienti per 4 persone: 500 g di ciliegie di Vignola, nere e dure –
2 cucchiai di zucchero – un po' di cannella – mezzo bicchiere
di vino rosso – 8 fette di pane in cassetta – circa 80 g di burro

Snocciolare le ciliegie e farle cuocere in una pentola non troppo grande con il vino rosso, la cannella, lo zucchero e qualche cucchiaio di acqua. Mentre le ciliegie cuociono togliere la crosta al pane in cassetta. Fare friggere le fette di pane nel burro. È meglio adoperare una padella antiaderente per non dover usare troppo burro. Poi mettere le fette di pane su un piatto che può andare in forno. Versare sul pane le ciliegie cotte e il succo un po' addensato. Passare il tutto in forno a 160 gradi per qualche minuto e portare in tavola. Servire con panna montata o gelato alla vaniglia.

14   Ogni cosa a suo tempo

Lavorate a coppie. Rileggete la ricetta e rimettete in ordine le indicazioni.

☐ levare la crosta al pane
☐ infornare per qualche minuto
☐ togliere il nocciolo
[1] portare in tavola

☐ far dorare le fette di pane
☐ far bollire le ciliegie
☐ allineare le fette di pane su un piatto
☐ mettere sul pane le ciliegie cotte

15   La vostra ricetta

Scrivete una ricetta con le ciliegie o con i frutti di bosco da inserire nel dossier di classe.

16   Consigli utili sulle marmellate

- La marmellata di pesche, pere e ciliegie può rimanere liquida. In questo caso basta farla cuocere ancora per qualche minuto con l'aggiunta di due o tre mele tagliate a pezzetti, oppure aggiungere un po' di succo di ribes.
- Quando la marmellata cristallizza si fa cuocere di nuovo con l'aggiunta del succo di due limoni per ogni chilo di frutta.
- Se la marmellata fa la muffa in superficie bisogna togliere la muffa con un cucchiaio e fare ricuocere la marmellata con l'aggiunta di un po' di zucchero.

17   Modi di dire

Lavorate a coppie. Che cosa significano questi modi di dire? In che occasione si usano?

"una ciliegia tira l'altra"

Si dice quando …
… non si riesce a smettere di mangiare qualcosa.
… siamo sull'albero a raccogliere le ciliegie.
… i bambini giocano a tirarsi le ciliegie.

"mettere la ciliegina sulla torta"

Si dice quando …
… si serve una torta con le ciliegie.
… si mangia una torta con il cucchiaino.
… si completa un'opera con un ultimo tocco.

8 A pranzo – *Le uova*

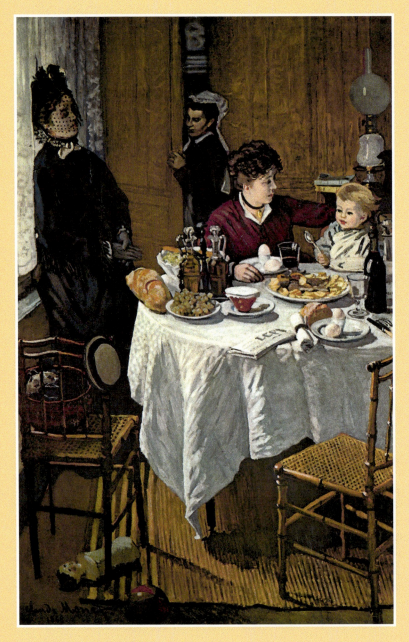

A pranzo (1868) – Claude Monet
Olio su tela, 232 x 151 cm
Francoforte, Städtische Galerie im Städelsche Kunstinstitut

1 Osservate e rispondete.

Cosa rappresenta questo dipinto? Chi sono secondo voi le persone?
Che cosa stanno facendo?

2   Leggete le informazioni sul dipinto e rispondete alla seguente domanda.

Che cosa c'è sulla tavola? Spiegate come è apparecchiata.

Monet ha lasciato Parigi per sfuggire[1] ai creditori[2] e ai critici. Ha accettato l'ospitalità[3] di un suo mecenate, a Étretat. Qui vuole cominciare una nuova vita con la sua compagna Camille e il piccolo Jean. In quest'opera che dipinge ancora sotto l'influsso[4] di Manet il pittore esprime la felicità familiare e l'atmosfera di una vita tranquilla e serena. Il dipinto rappresenta un tipico pasto francese a tarda mattinata. Il giornale piegato sulla tavola e il posto ancora vuoto lasciano presupporre che qualcuno deve ancora arrivare. Il bambino ha il cucchiaio in mano e probabilmente è impaziente[5] di mangiare. Sulla tavola apparecchiata dietro alle bottiglie con l'olio e l'aceto si intravede l'insalata. Il vassoio[6] con la portata principale è posto al centro del tavolo. Già pronte sui piatti appaiono delle uova.

[1] sfuggire: *(qui) andar via*   [2] creditori: *chi ha dato soldi*   [3] ospitalità: *possibilità di abitare in casa di qualcuno*   [4] influsso: *(qui) ammirazione per qualcuno*   [5] impaziente: *che desidera fare qualcosa subito*   [6] vassoio: *grande piatto per portare cibi e bevande*

3   Leggete la filastrocca e rimettete ogni cosa nel giusto contenitore.

La cucina è a soqquadro! Il cuoco distratto ha fatto un gran pasticcio!

Trovi l'olio nella saliera, lo zucchero dentro la caffettiera,

se cerchi il sale prendi la teiera, scalda la zuppa nella fruttiera,

prendi la frutta dalla zuppiera, ecco la zuccheriera se vuoi del tè,

e dentro l'oliera che c'è? Oh mamma mia ... il caffè!?!

olio ....

oliera ....

4   Quando usate ...

Con quale frequenza usate i contenitori sopra citati? Metteteli in ordine di uso.

ogni giorno   mai

←──→

5   Per la conversazione

Scegliete un tema e parlatene a coppie o in piccoli gruppi.

- Nel quadro di Monet tutti aspettano l'arrivo di qualcuno prima di cominciare a mangiare, anche il bambino che durante l'attesa gioca con un cucchiaio. Pensate alle famiglie che conoscete, è così anche oggi o è cambiato qualcosa?
- Sul tavolo si vede un giornale. Qualcuno di voi ha l'abitudine di leggere il giornale durante i pasti? Quando e cosa leggete di solito?

:
:

1861 |
Viene convocato il primo parlamento italiano e Vittorio Emanuele II è proclamato primo re d'Italia.

1862 |
Otto von Bismarck viene nominato primo ministro di Prussia.

1869 |
Dopo circa dieci anni di lavori viene inaugurato il canale di Suez.

1871 |
A Versailles il re di Prussia è nominato imperatore e viene proclamato il Reich della Germania. Alsazia e Lorena passano alla Germania.

1882 |
Il patto difensivo di Triplice Alleanza viene firmato a Vienna dagli imperi di Germania, Austria-Ungheria e dal Regno d'Italia.

1886 |
L'ingegnere tedesco Karl Benz realizza il primo veicolo con motore a scoppio, nasce la prima autovettura.

1889 |
A Parigi viene inaugurata la Tour Eiffel.

1895 |
I fratelli Lumière organizzano a Parigi la prima proiezione pubblica del cinematografo.

1898 |
Guglielmo Marconi effettua la prima trasmissione radio senza fili, dall'Irlanda del Nord all'isola di Rathlin.

:
:

6 Scheda biografica

Nome | Claude Monet

Luogo e data di nascita | Parigi, 14 novembre 1840

Famiglia | Il padre ha un negozio di drogheria, ma gli affari non vanno bene e si trasferisce con la famiglia a Le Havre dove il piccolo Claude trascorrerà l'infanzia e l'adolescenza.

Formazione | A 15 anni comincia a disegnare e a vendere caricature e ritratti fatti a matita e a carboncino. Molto importante si rivela l'incontro con il pittore Eugène Boudin che gli insegna a osservare la natura e a dipingere all'aria aperta; va a Parigi e si iscrive alla Académie Suisse.

Maturità | Dopo anni molto difficili, nei quali Monet ha difficoltà economiche perché non riesce a vendere i suoi quadri, arriva il successo e Monet diventa uno dei pittori più famosi della sua epoca. Muore a Giverny il 6 dicembre 1926.

Motivi delle opere | Scene all'aperto, la natura, la luce, l'acqua, i giardini, lo stesso motivo ripreso in diverse ore del giorno

Opere famose | Impressione, sole nascente (1872), Il ponte di Argenteuil (1874), La cattedrale di Rouen (1894), Ninfee (1920)

Ricordiamo di lui | Monet ha un eccezionale capacità di rappresentare gli effetti della luce come li percepisce l'occhio. Il suo quadro "Impressione, sole nascente" ha dato il nome all'Impressionismo.

7 Fate una ricerca.

Che cosa sapete di Vittorio Emanuele II? Fate una ricerca da inserire nel dossier di classe.

8   Leggete il testo e rispondete poi alle domande.

Chi ha introdotto in Europa l'abitudine di scrivere il menù? Che cosa significano le espressioni:
"servizio alla francese" e "servizio alla russa"?

Storia del menù

Quando vicino al piatto troviamo il menù delle pietanze che potremo gustare durante il pasto nessuno resiste alla tentazione di dargli un'occhiata. L'uso di servire i commensali a tavola e di scrivere l'elenco di ciò che verrà offerto risale[1] all'inizio del 1800 quando l'ambasciatore russo a Parigi mette a tavola un'idea nuova, dando inizio a una piccola rivoluzione nel modo di servire le pietanze. Prima di allora i commensali trovavano i cibi e le bevande su tavole imbandite[2] e ognuno poteva prendere le pietanze a piacimento. Questo modo di servire era detto "alla francese". Una sera l'ambasciatore dello zar fa trovare ai suoi ospiti una tavola riccamente apparecchiata con piatti, posate, cristalli e un elegante centrotavola ma senza traccia di alimenti. Accanto ad ogni coperto gli invitati scoprono una lista scritta delle pietanze che di lì a poco i camerieri avrebbero servito. È così che a Parigi si diffonde il servizio "alla russa": si servono cioè le vivande in tavola una alla volta secondo una successione prestabilita permettendo agli invitati di gustare le stesse cose contemporaneamente. Questi due modi di servire i cibi agli ospiti, "alla francese" e "alla russa" si usano ancora oggi. Il menù è diventato così una preziosa testimonianza[3] di come sono cambiate le abitudini a tavola con il passare degli anni.

[1] risale: *incomincia*   [2] imbandite: *riccamente apparecchiate*   [3] testimonianza: *dimostrazione*

9   Rileggete il testo e completate prima le regole e poi le frasi.

> I verbi in *-are* formano il gerundio con la desinenza in *-ando*: dare → ....
>
> I verbi in *-ere* e *-ire* formano il gerundio con la desinenza in *-endo*: permettere → ...., offrire → *offrendo*

1. .... (sostituire) il servizio "alla francese" con il servizio "alla russa" tutti gli ospiti possono gustare le stesse pietanze contemporaneamente.

2. .... (confrontare) i menù di diverse epoche si può scoprire come sono cambiate le abitudini alimentari nel tempo.

3. .... (leggere) il menù scopriamo quali pietanze verranno servite.

4. .... (mettere) un centrotavola si apparecchia in modo più ricco ed elegante.

5. .... (offrire) un buffet non c'è bisogno di molti camerieri.

10   Per la conversazione

Lavorate a coppie o in piccoli gruppi e parlate dei lati positivi e negativi dei due servizi. Per quale tipo di pranzo o cena preferite l'uno o l'altro modo di servire e perché? Quando trovate al vostro posto un menù come vi comportate?

11   Leggete il testo sulle uova e rispondete poi alla seguente domanda.

L'uovo era già presente nella cucina dei romani. Quando e come veniva servito?

La cena romana, come quella di oggi cominciava con gli antipasti. Si iniziava sempre con le uova e anche oggi per indicare che si comincia una cosa dal principio si dice "cominciare ab ovo". Queste parole vengono dal detto latino "ab ovo usque ad mala" che significa "dall'uovo fino alle mele" cioè dall'inizio alla fine.

Nell'antica Roma quando c'erano invitati, le uova venivano servite sode[1] e questo perché si mangiava semisdraiati sul triclinio, non c'erano piatti per ogni persona, il cibo si prendeva da un unico vassoio ed era preferibile offrire cibi solidi. Dal tempo dei romani ai giorni nostri le uova hanno sempre avuto un posto importante in cucina. Si adattano a infinite variazioni gastronomiche, sono un alimento davvero nutriente e per di più sono molto pratiche per chi ha poco tempo per cucinare. Dal punto di vista dietetico, due uova corrispondono a 100 grammi di carne.

[1] sode: *(qui) cotte a lungo*

12   In quali di questi cibi ci sono le uova?

✔

13   Come si riconoscono le uova fresche? Mettete una crocetta.

L'uovo è fresco se …

1. … messo dentro una tazza piena d'acqua

2. … quando viene agitato vicino all'orecchio

3. … quando si rompe il guscio in un piatto

☐ va a fondo[1]
☐ resta a galla[2]
☐ si sente il liquido[3] che si muove
☐ non fa rumore
☐ il bianco resta compatto intorno al rosso
☐ il bianco si allarga in tutto il piatto

[1] a fondo: *giù, in basso*   [2] a galla: *in superficie*   [3] il liquido: *contenuto non solido*

14   Antipasti per tutti i gusti

I romani iniziavano la cena mangiando le uova sode. Ecco alcuni antipasti della cucina italiana di oggi. Quali fra questi mangiate particolarmente volentieri? Anche voi servite degli antipasti quando avete ospiti a cena?

Antipasti
Prosciutto e melone
Insalata di mare
Affettati misti
Bruschetta
Carpaccio e rucola
Pomodori e mozzarella

15   A tavola nel ... Lazio

Frittata di ricotta

Ingredienti per 4 persone: 6 uova – 200 g di ricotta romana –
3 cucchiai di formaggio pecorino grattugiato – qualche foglia di basilico –
3 cucchiai di olio di oliva – sale e pepe

Rompere le uova in una terrina, sbatterle, salarle e peparle. Aggiungere la ricotta, il pecorino, il basilico tritato e mescolare bene il tutto con le uova per ottenere un impasto omogeneo. Mettere l'olio in una padella, meglio se antiaderente. Quando l'olio è caldo versare il composto nella padella e fare dorare da tutte e due le parti. Si può cuocere anche in forno mettendo il composto in una pirofila[1] imburrata.

[1] pirofila: *tegame di vetro*

16   Lavorate a coppie.

Questa è una frittata con la ricotta. Quali altri ingredienti si possono unire alle uova per fare diversi tipi di frittata?

17   Tanti modi di cuocere le uova

Abbinate e poi confrontate i risultati con il vostro vicino. E voi come preferite cucinare le uova?
Le mangiate a colazione, a pranzo o a cena?

1. L'uovo in camicia ...   è fritto in padella facendo attenzione a non rompere il rosso.
2. L'uovo strapazzato ...   è cotto con il guscio in acqua bollente per 3 minuti.
3. L'uovo alla coque ...   è fritto in padella con il bianco e rosso mescolati.
4. L'uovo all'occhio di bue ...   è cotto con il guscio in acqua bollente per 8 o 9 minuti.
5. L'uovo sodo ...   è cotto in acqua bollente per 4 o 5 minuti, mantiene il rosso tenero.

18   La vostra ricetta

Scrivete una ricetta con le uova per il dossier di classe.

19   Proverbi e modi di dire.

Lavorate a coppie. Quale spiegazione corrisponde ad ogni detto?

☐ *"cercare il pelo nell'uovo"*   1. fonte di facili e ripetuti guadagni

☐ *"rompere le uova nel paniere"*   2. soluzione semplice, ma che nessuno ha trovato

☐ *"l'uovo di Colombo"*   3. essere estremamente esatti

☐ *"la gallina dalle uova d'oro"*   4. compromettere un progetto di altre persone

Ecco adesso due proverbi. Provate a spiegare il loro significato.

"meglio un uovo oggi che una gallina domani"   *"la prima gallina che canta ha fatto l'uovo"*

9 Birreria all'aperto a Monaco – *La birra*

Birreria all'aperto a Monaco (1884) – Max Liebermann
Olio su tavola, 95 x 69 cm
Monaco, Neue Pinakothek

1   Osservate e rispondete.

Che cosa rappresenta il dipinto? Secondo voi che giorno è?
Che momento della giornata? Che cosa fanno le persone in primo piano?

2   Leggete le informazioni sul dipinto e rispondete alle seguenti domande.

Che cosa ci dà la sensazione di un ambiente accogliente? Che cosa è frutto della fantasia del pittore?

Il soggetto del quadro, completato nel 1884, indica già quale sarà il tema della pittura di Liebermann dopo il 1900: gli abitanti della città che cercano riposo nella natura, preferibilmente sotto alberi ombrosi[1] o su terrazze ariose. La luce illumina una birreria all'aperto dove all'ombra di vecchi alberi, probabilmente castagni, siedono insieme intere famiglie. Le numerose scene sono messe in rilievo dai colori e dalla luce del sole. Queste macchie luminose sono una caratteristica della pittura di Liebermann. I musicisti che si intravedono sullo sfondo sono frutto della fantasia del pittore, perché a quell'epoca non era permesso suonare in quei giardini, come pure non era permessa la vendita di cibi.

[1] ombrosi: *che non lasciano passare il sole*

3   Rileggete il testo e completate.

Quale soggetto e quali ambienti caratterizzano la pittura di Liebermann dopo il 1900?

Soggetto: ....   Ambiente: ....

4   Tanti caratteri diversi

Se osservate con attenzione il quadro di Liebermann scoprirete che molte delle persone ritratte hanno delle caratteristiche ben precise. Riuscite a individuare alcuni dei seguenti personaggi? A chi attribuite i seguenti elementi?

l'ombrellino | il grembiule | la divisa | l'abitino da festa | il cappello | il sigaro

1. Il soldato che fa la corte alla giovane signora   ....

2. La giovane signora che viene corteggiata[1] dal soldato   ....

3. Le bambine di buona famiglia   ....

4. La balia che aiuta la bambina a bere   ....

5. Il ricco borghese con i basettoni[2]   ....

6. Il signore in piedi che saluta galantemente   ....

[1] corteggiare: *fare complimenti per attirare l'attenzione*   [2] basettoni: *barba che si lascia crescere davanti alle orecchie*

5   L'abito fa o non fa il monaco?

Molto spesso quando incontriamo qualcuno ci lasciamo influenzare dalle apparenze. Osservate le foto. Quali di queste persone suscitano il vostro interesse? Che cosa pensate del detto "l'abito non fa il monaco"?

Un po' di storia

:
:

1862 |
Otto von Bismarck viene nominato
primo ministro di Prussia.

1869 |
Dopo circa dieci anni di lavori
viene inaugurato il canale di Suez.

1871 |
A Versailles il re di Prussia è
nominato imperatore e viene
proclamato il Reich della
Germania. Alsazia e Lorena
passano alla Germania.

1882 |
Il patto difensivo di Triplice
Alleanza viene firmato a Vienna
dagli imperi di Germania, Austria-
Ungheria e dal Regno d'Italia.

1886 |
L'ingegnere tedesco Karl Benz
realizza il primo veicolo con
motore a scoppio, nasce
la prima autovettura.

1889 |
A Parigi viene inaugurata
la Tour Eiffel.

1895 |
I fratelli Lumière organizzano a
Parigi la prima proiezione pubblica
del cinematografo.

1898 |
Guglielmo Marconi effettua la
prima trasmissione radio senza
fili, dall'Irlanda del Nord all'isola
di Rathlin.

1899 |
A Torino viene fondata la FIAT,
Fabbrica Italiana Automobili
Torino.

:
:

6 Scheda biografica

Nome | Max Liebermann

Luogo e data di nascita | Berlino, 20 luglio 1847

Famiglia | Cresce in una famiglia che appartiene alla ricca borghesia industriale ebrea.

Formazione | A 21 anni si iscrive alla scuola d'arte di Weimar poi si stabilisce per un certo periodo a Parigi. Importanti per la sua formazione artistica sono stati i numerosi soggiorni nei Paesi Bassi. Tornato in Germania vive prima a Monaco e poi a Berlino.

Maturità | Ottiene molti riconoscimenti. Riceve il titolo di professore. Entra a far parte dell'Accademia delle Arti di Berlino. Viene nominato presidente dell'Associazione degli artisti indipendenti.

Vecchiaia | Negli ultimi anni non si lascia più influenzare dalle nuove mode, da artista ribelle diventa conservatore. Nel 1920 è nominato Presidente dell'Accademia delle Arti di Berlino, ma deve lasciare la carica in seguito alle leggi razziali. Muore a Berlino l'8 febbraio 1935.

Motivi delle opere | In gioventù dipinge soggetti che fanno scandalo: lavoratori e contadini, interni di ospizi e ospedali. Più avanti si lascia influenzare dall'Impressionismo, dipinge scene di vita borghese e molti ritratti che lo rendono famoso.

Opere famose | Scuola di cucito olandese (1876), Laboratorio di un calzolaio (1881), Lavoratrici di merletti (1894), Terrazza del ristorante Jacob a Nienstedten (1902), Giardino a Wannsee (1926)

7 Fate una ricerca.

Fate una piccola ricerca su passato e futuro dell'automobile e inseritela nel dossier di classe.

8   Leggete il testo e rispondete poi alla seguente domanda.

Che idee hanno avuto i birrai per servire la birra fresca anche d'estate?

Storia del "Biergarten"

Le prime birrerie all'aperto sono nate a Monaco di Baviera, probabilmente nel XIX secolo.
Durante l'inverno i birrai portavano grandi blocchi di ghiaccio nelle cantine che avevano appositamente costruito[1] per mantenere la birra ad una temperatura piuttosto bassa. Davanti a queste costruzioni avevano fatto piantare degli alberi ombrosi, in genere castagni, che riparavano dal sole, così la birra era fresca anche d'estate. Più tardi i birrai metteranno sotto gli alberi delle panche e dei tavoli rustici provocando le proteste dei proprietari[2] delle osterie che non avevano le stesse possibilità da offrire ai loro clienti.

L'intervento del Re di Baviera Ludwig I costringe i proprietari delle birrerie all'aperto a rinunciare alla vendita dei cibi, così chi vuole mangiare deve portarsi qualcosa da casa. Questa ordinanza[3] con il passare del tempo verrà abolita[4]. Nei *Biergarten* di oggi è possibile ordinare varie specialità, soprattutto bavaresi, come le *Brezen* (specie di ciambelle salate), lo stinco[5] di maiale, il pollo arrosto, l'insalata di patate, ecc. Chi tuttavia preferisce mangiare le cose portate da casa può trovare in molte birrerie dei tavoli riservati a questo scopo.

[1] appositamente costruito: *realizzato per un certo scopo*   [2] proprietari: *padroni*   [3] ordinanza: *regola, legge*
[4] verrà abolita: *non sarà più valida*   [5] stinco: *parte della gamba*

9   Lavorate a coppie o in piccoli gruppi.

Vi piace frequentare le birrerie all'aperto? Quando e con chi ci andate?
Vi piace l'idea di portare le cose da mangiare da casa?
Oltre alle birrerie in quale tipo di locale vi piace andare?

10   Che o chi?

Completate prima la regola e poi il testo.

Il pronome .... si riferisce a persone e a cose e segue un sostantivo o un pronome. Il pronome
.... si riferisce solo a persone, si usa nel significato di *colui che / colei che* e nelle domande
dirette e indirette.

In estate .... beve volentieri la birra va al Biergarten, spesso in compagnia di amici .... hanno

gli stessi gusti e insieme mangiano le cose .... hanno portato da casa o comprano i cibi .... offre

il locale. Ma il Biergarten è adatto anche a .... non ha amici e va là da solo. Al tavolo troverà certamente

qualcuno .... gli farà compagnia. Anche per .... ha famiglia il Biergarten è ideale: i bambini

.... non si stancano mai di giocare trovano subito altri bambini con cui fare amicizia e così tutti passano

alcune ore piacevoli all'aria aperta.

11 Leggete il testo sulla birra e rispondete poi alla domanda.

Quali informazioni sulla birra sono nuove per voi?

La birra è una bevanda non solo rinfrescante, ma anche nutriente. Si può offrire come aperitivo perché stimola l'appetito e contiene poco alcol. Un elemento molto importante per la produzione della birra è l'acqua. Deve essere pura, potabile[1], sterilizzata, senza strani sapori e odori. Oltre l'acqua i suoi componenti principali sono: il malto e il luppolo. Per ottenere il malto si lascia germinare[2] l'orzo. Ottenuto il malto, molto zuccheroso, lo si può aromatizzare con il luppolo, ma anche con erbe aromatiche e frutta. Con l'aggiunta del lievito[3] incomincia la fase di fermentazione che porta alla formazione di alcol. In commercio ci sono vari tipi di birra: chiara, scura, rossa, forte, dolce e aromatica.

[1] potabile: *che si può bere*   [2] germinare: *sviluppare*   [3] lievito: *sostanza che fa fermentare*

12 Birre italiane

Anche in Italia ci sono molti produttori di birra: Peroni, Nastro azzurro, Menabrea, Castello sono le marche più conosciute. Completate e troverete il nome di una birra italiana che viene prodotta a Udine.

1. Si ottiene facendo germinare l'orzo.
2. Normalmente ce n'è di più nel vino che nella birra.
3. Per fare la birra ci vuole acqua …
4. Di solito si beve prima di mangiare.
5. Desiderio di mangiare.
6. Quando si aggiunge comincia la fermentazione.
7. In commercio ci sono birre scure e …

13 Per la conversazione

• Bevete la birra anche quando siete in Italia? Trovate qualche differenza tra le birre italiane e quelle del vostro paese?
• In molte città c'è la festa della birra. Ne conoscete qualcuna ? Raccontate.

14 Consigli utili

La birra non è utile solo per cucinare. Conoscete altri consigli da aggiungere alla lista?

• Per dare lucentezza alle piante bisogna pulire le foglie con un panno bagnato nella birra.
• Con un po' di birra in un vasetto aperto si liberano gli orti dalle lumache.
• Due bottigliette di birra nell'acqua della vasca da bagno tonificano più di un bagnoschiuma.

• ....

• ....

15   A tavola in ... Alto Adige

Pollo alla birra

*Ingredienti: un pollo di media grandezza – 2 cucchiai di olio –
30 g di burro – 4 o 5 foglie di salvia – un rametto di rosmarino –
2 spicchi di aglio – sale e pepe – birra (quanto basta)*

Tagliate il pollo a pezzi, rosolatelo con olio, burro, salvia, aglio e rosmarino.
Dopo un po' aggiungete sale e pepe. Coprite il pollo fino a metà con la birra e fatelo cuocere lentamente.
Togliete l'aglio, la salvia e il rosmarino. Girate ogni tanto i pezzi di pollo finché la birra è evaporata[1].
A questo punto, se la carne non è ancora ben cotta, aggiungete altra birra. Con questa preparazione il
pollo prenderà un bel colore dorato e sembrerà caramellato.

[1] evaporata: *(qui) consumata*

16   Se mandate questa ricetta a un'amica come la scrivete?

Carissima,

ecco la ricetta del pollo alla birra

che ti è piaciuto tanto.

Taglia il pollo a pezzi ...

17   Quanto basta

In cucina ci sono molti modi di indicare le quantità. Abbinate i seguenti ingredienti
alle espressioni più adatte.

acqua | rosmarino | aglio | farina | brodo | vino | peperoncino | salvia | pepe | aceto |
limone | olio

1. Un pizzico di ....

2. Un rametto di ....

3. Uno spicchio di ....

4. Un cucchiaio di ....

5. Un bicchiere di ....

18   La vostra ricetta

Scrivete una ricetta con la birra per il dossier di classe.

19   Modi di dire

Lavorate a coppie. Che cosa significa questo modo di dire? In che occasione si usa?

"andare a tutta birra"

Si dice quando ...   ... si beve la birra in un sorso solo.

... si viaggia velocemente.

... si va a comprare la birra.

10 I mangiatori di patate – *Le patate*

I mangiatori di patate (1885) – Vincent van Gogh
Olio su tela, 82 x 114 cm
Amsterdam, Van Gogh Museum

1   Osservate e rispondete.

Che cosa si vede nel quadro? Quale momento della giornata rappresenta?
Di che famiglia si tratta? Come vi sembra l'atmosfera in questa casa?

2 Leggete le informazioni sul dipinto e rispondete poi alla domanda.

Van Gogh si trova a casa della famiglia De Groot. Quali espressioni del testo ci fanno capire che si tratta di una famiglia di modeste condizioni?

È uno dei capolavori di Vincent van Gogh, dipinto in Olanda tra l'aprile e il maggio 1885. Il quadro vuole mostrare la situazione economico-sociale di quel tempo. I colori, scuri e polverosi[1], mettono in rilievo l'atmosfera di povertà. In una sua lettera van Gogh spiega come è nata in lui l'idea di dipingere questi contadini. Una sera, dopo aver dipinto tutto il giorno all'aperto, tornando a casa passa davanti alla casetta della famiglia de Groot e pensa di entrare per riposarsi un po'. Tutta la famiglia è seduta a tavola sotto la lampada accesa e sta cenando. È una cena povera a base di patate. Spontaneamente Vincent prende tela, pennello e tavolozza e comincia a ritrarre il gruppo. "Ho cercato – scrive l'artista – di sottolineare come questa gente che ha zappato[2] la terra con le mani, ora le allunga verso il piatto per mangiare il cibo onestamente[3] guadagnato".

[1] polverosi: *(qui) non lucenti*   [2] ha zappato: *ha lavorato*   [3] onestamente: *giustamente, in modo corretto*

3 Lavorate a coppie.

Con l'aiuto dei disegni raccontate la giornata di van Gogh.

1

2

3

4

5

6

4 Per la conversazione

La cena è un momento di incontro per tutta la famiglia. A tavola gli italiani mangiano, bevono, parlano vivacemente e spesso discutono su quanto appare alla tv. E voi a tavola come vi comportate? Di cosa parlate? Guardate la tv?

Un po' di storia

:
:

1860 |
Garibaldi organizza la Spedizione dei Mille per conquistare il Regno delle Due Sicilie.

1861 |
Viene convocato il primo parlamento italiano e Vittorio Emanuele II è proclamato primo re d'Italia.

1862 |
Otto von Bismarck viene nominato primo ministro di Prussia.

1869 |
Dopo circa dieci anni di lavori viene inaugurato il canale di Suez.

1871 |
A Versailles il re di Prussia è nominato imperatore e viene proclamato il Reich della Germania. Alsazia e Lorena passano alla Germania.

1882 |
Il patto difensivo di Triplice Alleanza viene firmato a Vienna dagli imperi di Germania, Austria-Ungheria e dal Regno d'Italia.

1886 |
L'ingegnere tedesco Karl Benz realizza il primo veicolo con motore a scoppio, nasce la prima autovettura.

1889 |
A Parigi viene inaugurata la Tour Eiffel.

1895 |
I fratelli Lumière organizzano a Parigi la prima proiezione pubblica del cinematografo.

:
:

5   Scheda biografica

Nome | Vincent Willem van Gogh

Luogo e data di nascita | Groot-Zundert, Olanda, 30 marzo 1853

Famiglia | Il padre è un pastore protestante e oltre al primogenito Vincent ha altri cinque figli.

Formazione | A 27 anni decide di diventare artista. Impara il mestiere con l'aiuto di libri, segue lezioni presso le accademie di Bruxelles ed Anversa, visita i musei e si fa dare consigli da amici artisti. Dipinge paesaggi e contadini al lavoro con colori scuri e cupi.

Maturità | Va a Parigi. Entra in contatto con gli impressionisti. Abbandona i temi sociali e i colori scuri. Dipinge scene della vita di ogni giorno. Poi lascia Parigi per Arles in Provenza. Con il passare del tempo si allontana dall'impressionismo e sviluppa un proprio, unico stile con pennellate espressive, usa colori limpidi e forti.

Malattia | Soffre di forti depressioni e allucinazioni. Il suo amico Paul Gaugin va a vivere con lui ad Arles ma dopo un litigio, in seguito al quale van Gogh si taglia un orecchio, Gaugin torna a Parigi. Vincent passa vari periodi di tempo in manicomio. Il 27 luglio 1890 a Auvers-sur-Oise si spara un colpo di pistola al petto e muore due giorni dopo.

Motivi delle opere | Temi sociali e religiosi, scene di vita di ogni giorno, i paesaggi della Provenza, nature morte, ritratti

Opere famose | Vaso di girasoli (1888), La camera di Vincent ad Arles (1888), Notte stellata sul Rodano (1888), Vaso con iris (1889), Autoritratto (1889)

6   Fate una ricerca.

Raccogliete alcune informazioni sulla storia del cinema dagli inizi ad oggi oppure raccontate la trama di un film che vi è particolarmente piaciuto. Inserite le vostre relazioni nel dossier di classe.

7 **Leggete il testo e rispondete poi alle seguenti domande.**

Chi è Pellegrino Artusi e perché è famoso? Quali informazioni dà il testo sulla Festa Artusiana?

L'arte di mangiar bene

Molti cuochi famosi ci hanno tramandato le loro ricette. Alcuni ricettari sono apprezzati e conosciuti ancora oggi. In Italia tutti gli appassionati di cucina conoscono "l'Artusi", il ricettario dal titolo "La scienza in cucina e l'arte di mangiar bene", pubblicato per la prima volta nel 1891 e passato alla storia con il cognome del suo autore. Pellegrino Artusi, nato a Forlimpopoli il 4 agosto 1820, aveva una vera passione per la letteratura e la buona cucina. Nel corso[1] di lunghi anni e di innumerevoli viaggi riesce infatti a raccogliere ben 790 ricette: dai brodi ai liquori, dagli antipasti ai dolci. A lui va il merito[2] di aver unito le diverse cucine regionali in un'unica tradizione gastronomica nazionale. L'Artusi non si è limitato ad indicare come si prepara il cibo, nelle pagine del suo libro sono riportati veri e propri racconti e aneddoti gustosi, scritti in un italiano chiaro e lineare. Tutti i grandi cuochi dell'ultimo secolo hanno trovato in questo ricettario suggerimenti[3] e ispirazioni. Il libro ha avuto un tale successo che è anche stato tradotto in molte lingue. I cittadini di Forlimpopoli sono molto legati all'illustre scrittore e ogni anno nel mese di giugno organizzano la Festa Artusiana. Il programma è ricco: cucina, musica, mostre, degustazioni, mercati ecc. Durante la manifestazione, che dura poco più di una settimana, i visitatori hanno modo di osservare tanti appassionati di cucina al lavoro tra verdure, carni, pesci e padelle e, tra un assaggio e l'altro di pietanze note e meno note, possono riscoprire che il mangiar bene è davvero un'arte.

[1] nel corso: *durante*   [2] a lui va il merito: *grazie a lui*   [3] suggerimenti: *(qui) idee*

8 **Molto, tanto, troppo, poco**

Rileggete il testo e completate prima la regola e poi le frasi.

Molto, tanto, poco e *troppo* possono essere usati come aggettivi, come pronomi e come avverbi. Quando sono usati come pronomi o .... cambiano la desinenza a seconda del numero e del genere della parola a cui si riferiscono. Quando invece sono usati come .... sono invariabili e mantengono la desinenza *-o*.

1. Sono *pochi* i ricettari antichi ancora conosciuti ed apprezzati.

2. Pellegrino Artusi amava molt.... la letteratura e la buona cucina.

3. Il libro di Artusi è stato tradotto in molt.... lingue.

4. I cittadini di Forlimpopoli sono molt.... legati all'illustre concittadino.

5. Tant.... appassionati di cucina vanno a Forlimpopoli in occasione della Festa Artusiana.

6. Fra un assaggio e l'altro si corre il rischio di mangiare tropp....

7. Conviene andare alla manifestazione quando non ci sono tropp.... visitatori.

9 **Per la conversazione**

Quando cucinate consultate anche voi un ricettario? Da dove provengono le vostre ricette?

10 Leggete il testo sulle patate e rispondete poi alle seguenti domande.

Chi ha portato in Europa la pianta della patata e come si usava? Da quando sono arrivate in tavola le patate e per quale ragione?

Sono stati gli spagnoli a portare la patata in Europa dal Sud-America nel XVI secolo. Per molto tempo la pianta della patata è stata considerata[1] una pianta ornamentale e così si usavano solo i fiori e le foglie. In occasioni speciali la regina Maria Antonietta metteva tra i capelli un fiore di patata o ne offriva uno ai suoi ufficiali in segno di ringraziamento. Solo verso la metà del XVIII secolo la patata viene scoperta come alimento. Le due carestie[2] del settecento convincono[3] i contadini ad accogliere[4] nei loro campi e sulla loro tavola questo strano "tartufo bianco" come spesso chiamavano la patata che fino ad allora era ritenuta più adatta a sfamare i maiali. Ci sono moltissime specie di patate e altrettanti modi di cucinarle. La patata contiene poche calorie ed è costituita per il 78 % di acqua.

[1] considerata: *vista come*   [2] carestie: *periodi in cui manca il cibo*   [3] convincono: *fanno capire, persuadono*   [4] accogliere: *accettare*

11 Paese che vai … patate che trovi

Oggi la cucina è internazionale. Si possono mangiare le stesse cose dappertutto. Ci sono però dei piatti che per tradizione sono tipici di un paese. Sapete abbinare il piatto al paese?

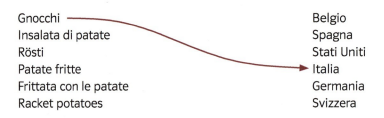

Gnocchi — Belgio
Insalata di patate — Spagna
Rösti — Stati Uniti
Patate fritte → Italia
Frittata con le patate — Germania
Racket potatoes — Svizzera

12 Consigli utili

Le patate non sono utili solo in cucina. Leggete i consigli. Ne conoscete altri da aggiungere alla lista?

- Mettere per 20 minuti una fetta di patata cruda sulle punture di zanzara calma il dolore.
- È un ottimo deodorante. Passare mezza patata cruda sotto le ascelle.
- Per pulire l'argento basta immergerlo nell'acqua di cottura delle patate.
- Un ottimo decotto contro la tosse secca si ottiene così: fare cuocere 20 grammi di foglie fresche di patata in un litro di acqua e zuccherare con il miele.

- ....
- ....

13 Per la conversazione

Lavorate in piccoli gruppi. A voi piacciono le patate? Che tipo di patate scegliete? Dove le comprate? Quando cucinate le patate? Come le cucinate? Chi di voi conosce le patate dolci?

14 A tavola in ... Basilicata

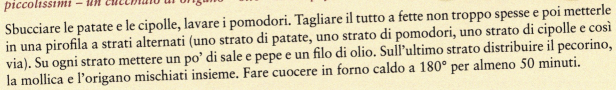

Patate raganate[1]

Ingredienti: 8 patate – 500 g di pomodori maturi – 5 cipolle grosse – 40 g di pecorino grattugiato – 50 g di mollica di pane a pezzettini piccolissimi – un cucchiaio di origano – olio – sale e pepe

Sbucciare le patate e le cipolle, lavare i pomodori. Tagliare il tutto a fette non troppo spesse e poi metterle in una pirofila a strati alternati (uno strato di patate, uno strato di pomodori, uno strato di cipolle e così via). Su ogni strato mettere un po' di sale e pepe e un filo di olio. Sull'ultimo strato distribuire il pecorino, la mollica e l'origano mischiati insieme. Fare cuocere in forno caldo a 180° per almeno 50 minuti.

[1] patate raganate: *(espressione dialettale) patate condite con l'origano*

15 Troppi cuochi guastano la cucina!

Due amici hanno cucinato insieme le patate raganate ma uno di loro ha aggiunto alcuni ingredienti in più che non sono contemplati dalla ricetta. Sapete dire quali?

Ingredienti in più:

....

....

....

....

....

....

PATATEELLOPICOLIOOCILISABORIGANOSALE

MOLLICADIPANEONIROCEPAGLIOONAGIRO

PECORINOFONTINAMOLLICADIPANEORIGANO

CIPOLLEIRUTAMIRODOMOPUOVOONIROCEP

ELASPATATEAFETTEELASPEPEOILOFARINA

ETTEFAETATAPEPEPOLIOPEPECAPPERIELAS

16 La vostra ricetta

Scrivete una ricetta con le patate da inserire nel dossier di classe.

17 Modi di dire

Lavorate a coppie. Che cosa significano questi modi di dire? In che occasione si usano?

"passare la patata bollente"

Si dice quando ...
... si offrono le patate molto calde.
... si passa un problema ad un'altra persona.
... si vuole preparare una purea di patate.

"spirito di patata"

Si dice ...
... per indicare il liquore ottenuto dalle patate.
... quando qualcuno fa uno scherzo stupido.
... per indicare un modo di cucinare le patate.

Lista dei vocaboli

Hier finden Sie die italienischen Wörter jeder Einheit, in der Reihenfolge aufgeführt, in der sie innerhalb des Buches auftauchen. Die Lesetexte bleiben hier unberücksichtigt, da die Wörter, die für das Verständnis des Inhaltes wichtig sind, in die Fußnoten der jeweiligen Lektüre aufgeführt werden.
Diese Wortschatzliste ist als zusätzliche Übung gedacht. Durch die aktive Eintragung der deutschen Übersetzung sollen die im Unterricht gelernten Vokabeln noch mal befestigt werden.

Significato delle abbreviazioni:

f femminile
m maschile
sg singolare
pl plurale
qc qualcosa
qn qualcuno
pp participio passato
inf infinito

1 L'ultima cena – *Il pane*

1

il dipinto

raffigurare *qc* o *qn*

l'ambiente *m*

3

le tecniche di pittura

dipingere *qc*

l'acquarello *m*

il carboncino

la matita

l'olio *m*

il pastello

la tempera

4

usare *qc*

il soggetto

nascondersi

nascondere *qc* (*pp* nascosto)

l'artista *m* e *f*

5

il luogo di nascita

la data di nascita

l'infanzia *f*

la formazione

la caratteristica

l'aspetto fisico *m*

la maturità

l'opera *f*

ricordare *qc* di *qn*

6

la ricerca

scegliere *qc* o *qn* (*pp* scelto)

riportare *qc*

raccogliere *qc* (*pp* raccolto)

inserire *qc*

8

organizzare *qc*

mettere *qc* (*pp* messo)

9

servire *qc*

tagliare *qc*

brindare a *qc* o *qn*

i confetti

la fotocamera digitale

girare *qc*

10

l'occasione *f*

raccontare *qc* a *qn*

partecipare a *qc*

12

la segale

il cumino

il seme

il girasole

il sesamo

il papavero

il pane integrale

consumare *qc*

13

seguente

assaggiare *qc*

il pane carasau

la piadina

la focaccia genovese

15

corrispondere a *qc* (*pp* corrisposto)

il pezzo

la fetta

il coltello

sbucciare *qc*

eliminare *qc*

spezzare *qc*

unire *qc*

condire *qc*

16

riutilizzare *qc*

gli avanzi

18

modi di dire

significare *qc*

il sapore

i denti

duro/-a

2 L'Estate – *Il mais*

1

colpire *qn*

3

le ciliegie

la pesca

la pera

i piselli

l'aglio *m*

il carciofo

la melanzana

la pannocchia di granoturco

i frutti

la spiga

4

il cesto

la composizione

5

piccante

aspro/-a

predominare

7

illustre

8

la scoperta

l'affermazione *f*

apprezzare *qc*

la salsa

il Medioevo

il peperoncino

10

influire su *qc*

l'abitudine alimentare *f*

11

strano/-a

coltivare *qc*

il clima

mite

la papaia

i fichi d'India

la guava

la carambola

il qumquat

il litchi

14

consigliare *qc* a *qn*

il consumo

giornaliero/-a

i legumi

raccomandare *qc* a *qn*

l'uovo *m sg*

le uova *f pl*

le carni bianche

le carni rosse

il pollo

moderato/-a

16

la pietanza

la cenetta intima

19

il consiglio

utile

confezionato/-a

buio/-a

le pareti

3 Il mangiafagioli – *I fagioli*

3

le erbe aromatiche

l'alloro *m*

l'erba cipollina *f*

il prezzemolo

8

le posate

d'argento

il cucchiaio

di legno

la minestra

a destra

il tovagliolo

la carta

9

l'attrezzo *m*

la mezzaluna

lo schiaccianoci

la frusta

la grattugia

la schiumarola

il cavatappi

11

il chicco

i piselli

le lenticchie

le fave

i ceci

14

mettere a bagno *qc*

scolare *qc*

rosolare *qc*

a fuoco moderato

4 Bacco – *Il vino*

3

l'occhio *m* (*pl* -chi)

i capelli

il corpo

il braccio *m sg*

le braccia *f pl*

la mano (*pl* -ni)

lo sguardo

il viso

la guancia *f* (*pl* -ce)

la spalla

le labbra *f pl*

le sopracciglia *f pl*

la fronte

la barba

rotondo/-a

abbronzato/-a

9

la bevanda

adatto/-a

10

il vetro

le classi elevate *f*

l'artigiano *m*

12

la carta d'identità

l'etichetta *f*

rispettare *qc* o *qn*

determinato/-a

la zona

preciso/-a

la norma

stabilire *qc*

considerare *qc*

il pregio

13

abboccato

amabile

15

soffriggere *qc* (*pp* soffritto)

tritare *qc*

diluire qc

infarinare qc

18

umidificare *qc*

influenzare *qn*

19

il sangue

la botte

....

....

....

....

....

....

....

....

5 Adamo ed Eva in paradiso – *La mela*

3

il gioco a squadre

vincere *qc* (*pp* vinto)

il serpente

il cavallo

il cane

il leone

lo struzzo

la tartaruga

il tacchino

la trota

il cigno

il pappagallo

4

in compagnia

l'animale domestico *m*

selvatico/-a

esotico/-a

9

i salatini

il pasto

le scaloppine

insaporire *qc*

l'aceto *m*

11

l'albero da frutto

l'arancio

il limone

il fico

il ciliegio

il pero

la vite

12

maturare

14

togliere *qc* (*pp* tolto)

mescolare *qc*

lasciare riposare *qc*

colare *qc*

addensare

aggiungere *qc* (*pp* aggiunto)

il torsolo

l'essenza di senape

la mela cotogna

16

insolito/-a

il dubbio

17

valere (*pp* valso)

i carciofini

le carote

le more

la surgelazione

l'essiccazione *f*

4

seccato al sole

la sterilizzazione

il luogo asciutto

il secolo

la mandorla

la nocciola

la pera

immergere *qc* (*pp* immerso)

gli ortaggi

sostituire *qc*

6

la vecchiaia

9

diffuso/ -a

il ginepro

i chiodi di garofano

la cannella

la vaniglia

la noce moscata

10

l'elenco *m*

12

diventare

meridionale

14

trasformare *qc*

il processo meccanico a freddo

6 Vaso di olive – *Le olive*

1

il mobile

3

la tecnica di conservazione

l'acciuga *f* (*pl* -ghe)

il fungo (*pl* -ghi)

il cetriolo

i lamponi

i fichi

i capperi

il terreno

fruttato/ -a

accompagnare *qc*

15

il frantoio

17

grattugiare *qc*

pelare *qc*

schiacciare *qc*

19

liscio/ -a

calmo/ -a

il foglio

il gomito

l'abbondanza *f*

nuotare

6

il monumento

dedicare *qc* a *qn*

8

apparecchiare *qc*

il campanello

9

l'esperienza *f*

11

le prugne

le albicocche

il ribes

i mirtilli

l'uvaspina *f*

le amarene

14

la crosta

infornare

far dorare *qc*

far bollire *qc*

allineare *qc*

15

i frutti di bosco

17

smettere

tirare *qc* a *qn*

il tocco

7 Colazione sull'erba – *Le ciliegie*

3

vivace

cupo/ -a

il nudo

scuro/ -a

il paesaggio

la natura morta

8 A pranzo – *Le uova*

3

il contenitore

la saliera

la caffettiera

la teiera

la fruttiera

la zuppiera

la zuccheriera

l'oliera *f*

5

il giornale

l'abitudine *f*

9

il servizio alla "francese"

il servizio alla "russa"

l'ospite *m*

gustare *qc*

contemporaneamente

confrontare *qc*

il centrotavola

13

agitare *qc*

l'orecchio

il guscio

muoversi

il rumore

allargarsi

14

gli affettati misti

17

l'uovo in camicia

l'uovo strapazzato

l'uovo alla coque

l'uovo all'occhio di bue

l'uovo sodo

friggere *qc* (*pp* fritto)

rompere *qc* (*pp* rotto)

cuocere *qc* (*pp* cotto)

la padella

19

il pelo

la gallina

l'oro *m*

il guadagno

estremamente

compromettere *qc* o *qn* (*pp* compromesso)

9 Birreria all'aperto a Monaco – *La birra*

1

in primo piano

4

preciso/ -a

l'ombrellino *m*

il grembiule

la divisa

il cappello

fare la corte a *qn*

la balia ....

i basettoni ....

5

il monaco ....

il detto ....

7

il passato ....

il futuro ....

10

in compagnia di *qn* ....

stancarsi di ....

12

il produttore ....

ottenere *qc* ....

far germinare *qc* ....

il desiderio ....

la fermentazione ....

il commercio ....

il malto ....

puro/-a ....

il lievito ....

13

la differenza ....

17

un pizzico di ....

un rametto di ....

uno spicchio di ....

19

in un sorso ....

....

....

....

....

10 I mangiatori di patate – *Le patate*

1

si tratta di ....

4

apparire (*pp* apparso) ....

comportarsi ....

5

la malattia ....

6

gli inizi ....

la trama ....

la relazione ....

8

il ricettario ....

apprezzare *qc* ....

tradurre (*pp* tradotto) ....

il concittadino ....

appassionato/ -a ....

l'assaggio *m* ....

la manifestazione ....

i visitatori ....

11

dappertutto ....

15

contemplare *qc* ....

17

lo scherzo ....

....

....

....

....

Soluzioni

1 L'ultima cena – *Il pane*

3

1. tempera	4. acquarello
2. olio	5. pastello
3. carboncino	6. matita

8

1. si organizzava	4. si offrivano
2. si invitavano	5. si nascondevano
3. si mettevano	6. si faceva

9

si invitano – si prenota – si sceglie – si servono –
si taglia – si brinda – si offrono – si balla – si canta –
si usano – si girano

13

pane carasau – Sardegna

pane senza sale – Toscana

grissini – Piemonte

piadina – Emilia Romagna

focaccia genovese – Liguria

pane di Altamura – Puglia

15

1. tagliare	5. unire
2. sbucciare	6. salare
3. eliminare	7. condire
4. spezzare	

18

"È buono come il pane" si dice di una persona che ha un buon carattere.

"Non è pane per i miei denti" si dice quando è una cosa che non va bene per noi.

2 L'Estate – *Il mais*

3

rot: ciliegie, pesche

gelb: pere, pannocchia di granoturco, spighe

grün: piselli, carciofo, cetriolo

weiß: aglio

lila: melanzana

5

Lösungsvorschlag:

piccante: peperoncino, pepe

aspro: limone, arancia, uva, lamponi

amaro: pompelmo, caffè, cioccolato

dolce: zucchero, miele, marmellata, panna

salato: sale, prosciutto, patatine

8

1. falso	4. falso
2. falso	5. vero
3. falso	

10

mais, patate, pomodori, peperoni, peperoncini, zucche, fagioli, fichi d'India, avocado, ananas

11

nei – da – in – sulle – a – nei – del – tra – di – alla

13

Alimenti fatti con il mais: polenta, cornflakes, olio, popcorn

3 Il mangiafagioli – *I fagioli*

3

1. basilico	5. salvia
2. erba cipollina	6. prezzemolo
3. rosmarino	7. alloro
4. timo	8. maggiorana

8

Regel: di – da

1. d'	4. da
2. da	5. di – di
3. di	6. da – da

9

Von links nach rechts: 8, 3, 5, 1, 6, 2, 4, 7

11

2. piselli   1. lenticchie   4. fave   3. ceci

14

1. mettere nell'acqua	4. con poco calore
2. togliere dall'acqua	5. portare in tavola
3. friggere in poco olio	

16

"Capita a fagiolo" si dice di una persona che è arrivata proprio al momento giusto.

"È come la principessa sul pisello" si dice di una persona che ha un modo di fare altezzoso e snob.

Lösungsvorschlag:

"Prendere due piccioni con una fava" significa riuscire a sbrigare più cose nello stesso tempo.

4 Bacco – *Il vino*

3

Lösungsvorschlag:

gli occhi: neri, rotondi

i capelli: neri, lunghi

il corpo: forte

le braccia: forti

le mani: abbronzate

lo sguardo: complice

la fronte: bassa

il viso: abbronzato, rotondo

le guance: rosse

le spalle: forti

le labbra: rosse

le sopracciglia: nere

l'aspetto: umano

non ha la barba

4

- Il viso e le mani sono abbronzate come quelle di una persona che lavora all'aperto.

- A sinistra, sotto il telo bianco, si intravede un modesto materasso.

- Nella fruttiera non c'è frutta fresca. Molti frutti sono marci.

9

Gläser von links nach rechts: 2, 4, 1, 3

10

Regel:

essere – venire

essere – venire

2. I bicchieri venivano/erano usati solo dalle classi più elevate.

3. I maestri vetrai veneziani sono stati superati dai maestri vetrai tedeschi e boemi.

4. A Murano il vetro viene/è lavorato ancora oggi da molti artigiani.

12

Etiketten von links nach rechts: 3, 1, 2, 4

15

soffriggere: la cipollina

tritare: la cipollina e il prezzemolo

diluire: la salsa

infarinare: le fette di pesce spada

19

Lösungsvorschlag:

"In vino veritas" significa che quando una persona ha bevuto dice spesso cose che pensa ma che non direbbe normalmente.

"Buon vino fa buon sangue" significa che il vino buono, bevuto in giuste dosi, non fa male alla salute.

"Il vino buono si trova nella botte piccola" significa che anche le cose piccole possono avere molto valore.

5 Adamo ed Eva in paradiso – *La mela*

3

Von links nach rechts: cavallo, cane, leone, struzzo, tartaruga, tacchino, trota, cigno, pappagallo

9

1. lo	5. le
2. li	6. lo
3. lo	7. la
4. la	

11

1. arancio	4. ciliegio
2. limone	5. pero
3. fico	6. vite

14

1. sbucciate le mele cotogne

2. togliete il torsolo

3. tagliatele a fette sottili

4. mescolatele con lo zucchero

5. lasciatele riposare per 24 ore

6. colate il succo

7. fatelo addensare sul fuoco

8. aggiungete l'essenza di senape

17

Lösungsvorschlag:

"Una mela al giorno toglie il medico di torno" significa che la mela è un frutto che fa bene alla salute.

"Non vale un fico secco" si dice riferito ad una cosa che non vale niente.

"La pianta si conosce dal frutto" significa che le persone si riconoscono dalle loro azioni.

6 Natura morta con vaso di olive – *Le olive*

3

Lösungsvorschlag:

surgelazione: carote, piselli

essiccazione: funghi, fichi

sotto olio / aceto: cetrioli, carciofini

sotto sale: acciughe, capperi

con lo zucchero: lamponi, more

4

sterilizzazione – surgelazione – luoghi asciutti – seccati al sole – la salamoia – l'aceto – sotto sale – marmellate

9

1. cumino	5. cannella
2. chiodi di garofano	6. noce moscata
3. ginepro	7. vaniglia
4. pepe	

12

1. falso	3. vero
2. falso	4. vero

14

Regel: estremamente – specialmente

speciale – particolarmente – normalmente – perfetto – preferibilmente

17

1. ricotta	4. pomodori
2. capperi	5. aglio
3. olive	6. pane

Lösung: Tutti a tavola, è pronto da mangiare!

19

"Liscio come l'olio" si dice per indicare che il mare è calmo.

"Ci vuole olio di gomito" si dice quando un lavoro richiede molto impegno.

Lösungsvorschlag:

"La verdura è una pietanza che vuole olio in abbondanza" significa che per dare sapore alla verdura ci vuole molto olio.

Il detto "Nell'olio, nel vino, nell'acqua di mare il pesce gustoso vuol sempre nuotare" dà un consiglio di come gustare il pesce. Il pesce buono va pescato in mare, va fritto in olio abbondante e va accompagnato da un buon vino bianco.

7 Colazione sull'erba – *Le ciliegie*

3

soggetto: ritratto, tema astratto, nudo, paesaggio, natura morta

colori: vivaci, freschi, cupi, chiari, scuri

luce: dolce, morbida, calda, chiara, forte

8

Regel: avere – essere

1. sono cambiate	4. ha suonato
2. hanno cambiato	5. è cominciato – è finito
3. è suonato – hai finito	

11

1. fragole	6. uvaspina
2. more	7. albicocche
3. amarene	8. mirtilli
4. prugne	9. pesche
5. lamponi	10. ribes

Frutti con il nocciolo: prugne, albicocche, pesche, amarene

Lösung: frutti di bosco

14

1. togliere il nocciolo

2. far bollire le ciliegie

3. levare la crosta al pane

4. far dorare le fette di pane

5. allineare le fette di pane su un piatto

6. mettere sul pane le ciliegie cotte

7. infornare per qualche minuto

8. portare in tavola

17

"Una ciliegia tira l'altra" si dice quando non si riesce a smettere di mangiare qualcosa.

"Mettere la ciliegina sulla torta" si dice quando si completa un'opera con un ultimo tocco.

8 A pranzo – *Le uova*

3

olio – oliera

zucchero – zuccheriera

sale –saliera

zuppa – zuppiera

frutta – fruttiera

tè – teiera

caffè – caffettiera

9

Regel: dando – permettendo

1. sostituendo   4. mettendo

2. confrontando   5. offrendo

3. leggendo

12

maionese – tiramisù – liquore all'uovo – tortellini

13

1. va a fondo

2. non fa rumore

3. il bianco resta compatto intorno al rosso

17

1. L'uovo in camicia è cotto in acqua bollente per 4 o 5 minuti, mantiene il rosso tenero.

2. L'uovo strapazzato è fritto in padella con il bianco e il rosso mescolati.

3. L'uovo alla coque è cotto con il guscio in acqua bollente per 3 minuti.

4. L'uovo all'occhio di bue è fritto in padella con burro o olio senza rompere il rosso.

5. L'uovo sodo è cotto con il guscio in acqua bollente per 8 o 9 minuti.

19

"Cercare il pelo nell'uovo": essere estremamente esatti.

"Rompere le uova nel paniere": compromettere un progetto di altre persone.

"L'uovo di Colombo": soluzione semplice, ma che nessuno ha trovato.

"La gallina dalle uova d'oro": fonte di facili e ripetuti guadagni.

Lösungsvorschlag:

"Meglio un uovo oggi che una gallina domani" significa che è meglio accontentarsi subito di poco che aspettare una cosa più grande ma non sicura in futuro.

"La prima gallina che canta ha fatto l'uovo" significa che la persona che per prima parla di un fatto sicuramente ha a che fare con quanto è successo.

9 Birreria all'aperto a Monaco – *La birra*

3

Soggetto: gli abitanti della città

Ambiente: nella natura, su terrazze ariose, sotto alberi ombrosi

4

1. la divisa   4. il grembiule

2. l'ombrellino   5. il sigaro

3. l'abitino della festa   6. il cappello

10

Regel: che – chi

chi – che – che – che – chi – che – chi – che

12

1. malto   5. appetito

2. alcol   6. lievito

3. pura   7. chiare

4. aperitivo

Lösung: Moretti

16

Lösungsvorschlag:

Carissima, ecco la ricetta del pollo alla birra che ti è piaciuto tanto. Taglia il pollo a pezzi. Rosolalo con olio, burro, salvia, aglio e rosmarino. Dopo un po' aggiungi sale e pepe. Copri il pollo fino a metà con la birra e fallo cuocere lentamente. Togli l'aglio, la salvia e il rosmarino.

Gira ogni tanto i pezzi di pollo finché la birra è evaporata. A questo punto, se la carne non è ancora ben cotta, aggiungi altra birra…

17

1. Un pizzico di: peperoncino, pepe

2. Un rametto di: rosmarino, salvia

3. Uno spicchio di: aglio, limone

4. Un cucchiaio di: olio, farina, aceto

5. Un bicchiere di: acqua, brodo, vino

19

"Andare a tutta birra" si dice quando si viaggia velocemente.

10 I mangiatori di patate – *Le patate*

3

Lösungsvorschlag:

1. Van Gogh dipinge tutto il giorno all'aperto.

2. Verso sera torna a casa.

3. Passa davanti alla casetta della famiglia de Groot.

4. Entra nella casa per riposarsi un po'.

5. La famiglia è seduta a tavola e sta cenando.

6. Il pittore prende tela, pennello e tavolozza e comincia a ritrarre le persone che mangiano.

8

Regel: aggettivi – avverbi

1. pochi	5. Tanti
2. molto	6. troppo
3. molte	7. troppi
4. molto	

11

Gnocchi – Italia

Insalata di patate – Germania

Rösti – Svizzera

Patate fritte – Belgio

Frittata con le patate – Spagna

Racket potatoes – Stati Uniti

15

basilico – aglio – fontina – uovo – farina – capperi

17

"Passare la patata bollente" si dice quando si passa un problema ad un'altra persona.

"Spirito di patata" si dice quando qualcuno fa uno scherzo stupido.